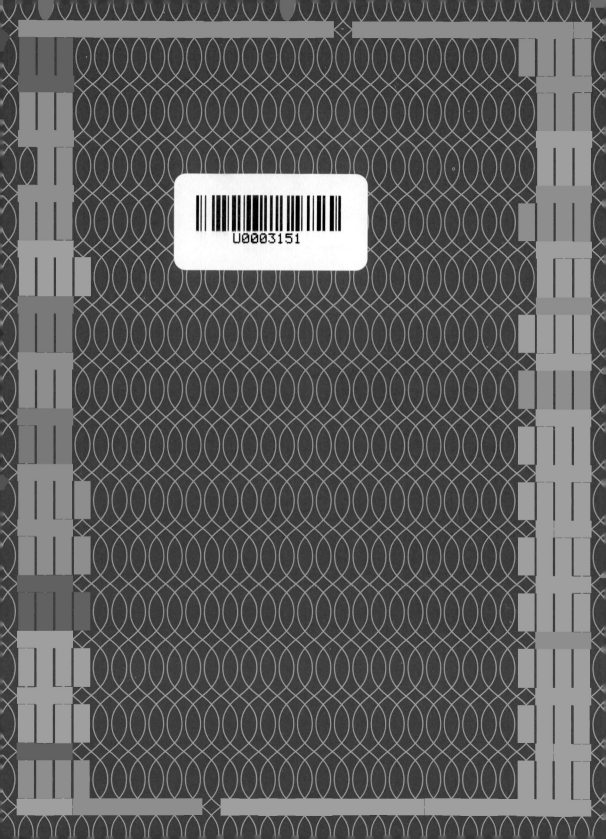

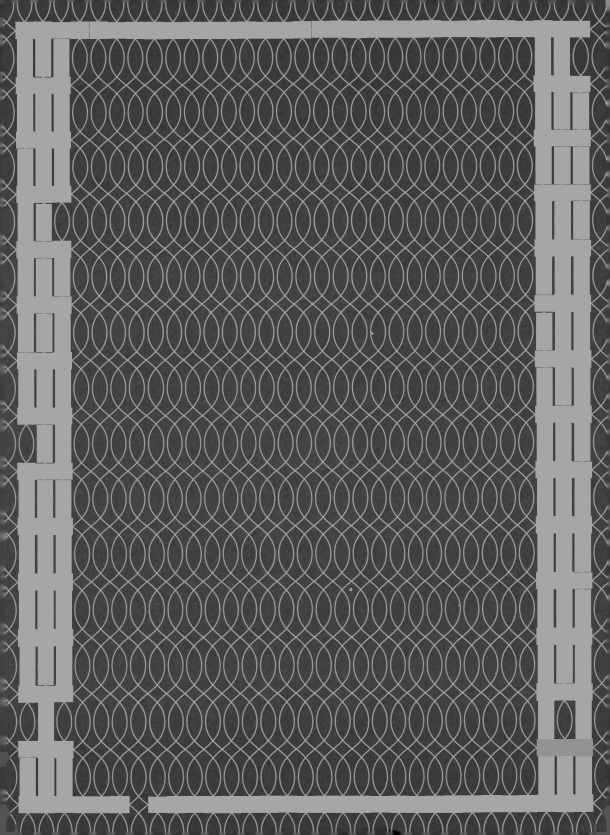

內壇見聞

天官武財神扶鸞濟世實錄

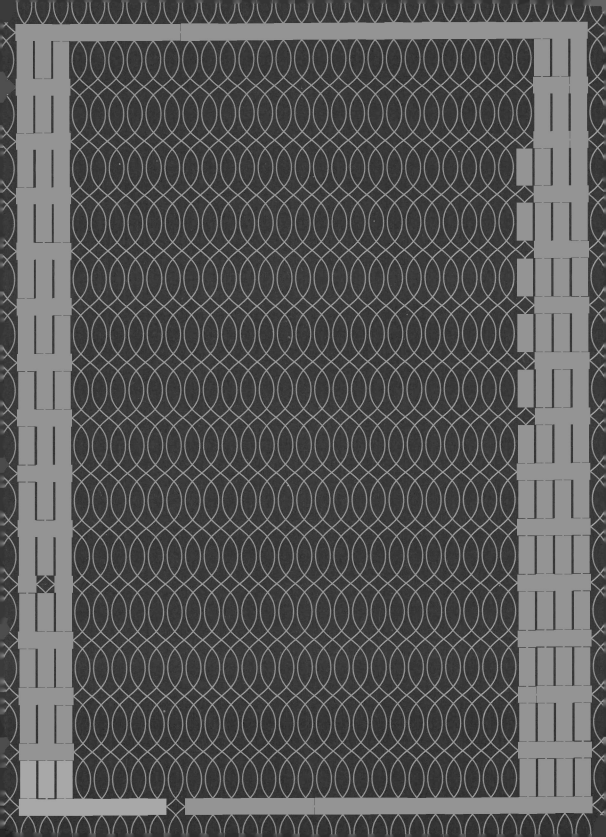

目次

contents

先祖篇

工程篇

冤債因果篇

江湖篇

通陰陽篇

天官賜福篇

番外篇

神財武路五

壹

北港武德宮與財神趙公明

武德宮沿革

民國四十六年，出身雲林縣水林鄉的中醫師陳茂霖先生，在北港最繁華的中山路上置產，買了間店面準備開業，懸壺濟世，並號名「保生堂」。買下這間店面之前，陳醫師並不知道這間店面頗有故事，前幾任屋主都住不久。前一任屋主姓黃，開西服店，一家人包含學徒，在此居住期間，都遇過不少難以解釋的事，像是無人經過的地方卻常有聲響，或是密閉空間裡的門戶會瞬間自行啟閉，接著像武俠片一樣，一個人影便隨之飛出，不分黑夜白天。大家對於這房子的古怪奇特，都心照不宣、低調不說破，直到那晚，屋主的小兒子打破這個默契。小兒子黃清南，那時大約十一、二歲，一晚，半夜起來上廁所時，覺得身後有很大的壓迫感，鼓起勇氣轉頭一看卻差點沒昏

倒，一個膚色黝黑、身高頂到天花板的魁梧大漢，正盯著他看，黃清南驚懼的往外奔逃、呼叫父母。未久，房屋便易主了……。

陳醫師舉家搬入後，雖然沒有特殊體質，不曾親眼看過前幾任屋主所見過的景象，但卻常常做一些怪夢；夢中經常出現的，就是膚色黝黑、身高頂到天花板的魁梧大漢……。陳醫師年輕氣盛，本沒有什麼信仰，甚至是極其鐵齒，對這些現象不感興趣、也不想理解，況且，自從搬進這房子、開起保生堂中藥行之後，

保生堂舊貌

更不尋常的，其實是業績。也許是陳醫師醫術過人又親切隨和、深諳經營之道，沒花多少時間，保生堂便門庭若市，他也累積不少資產，當時一天的收入，便是公務員一個月的薪水。陳醫師少年得志，賺得的高額收入又再投入高檔的藥材與土地、房產，每每轉手又再獲利，當時真是意氣風發、志得意滿。但好景不常，這間奇特的房子終於對陳家發出了嚴正的警告。

民國五十二年，一天，陳太太在廁所旁的廚灶洗滌物品（對，就是小男孩看到魁梧壯漢的那個地點），不知道什麼原因，陳太太突然就昏迷倒地，並且久久未再清醒。陳醫師診視許久，說實在毫無頭緒，不懂為什麼太太就是不會清醒。陳醫師沒有門戶之見，隨即將太太送西醫急診，但仍是徒勞無功，陳太太多半時間都是昏沉不醒人事。隨著時間過去，昏迷的時間越來越長，清醒的時間越來越短，人迅速虛弱衰落，到後來，情勢已經惡化到稍回復神識，便忙著把握時間交代身後事了……。當學醫者面對求醫後也無起色、一籌莫展之際，陳醫師的丈人從新港來到北港探望女兒，當看到女兒變成這副模樣，丈人忍不住斥責女婿，並提出建議：「阿茂啊，如今你什麼醫生都看了，我跟你講，你也別鐵齒，反正你也沒步了，你聽我的，我們新港有一間池王廟很興，裡面的人我也都認識，咱人無法解決的事，我們可以來請教神

明看看。」

丈人所指的，是新港東興廟的池府千歲。丈人跟女婿說完，便在池府王爺濟世時前去請示，池府王爺派了幾道符令，交代先化予病人服下，若灌得入喉，再前去處理。半信半疑但也走投無路的陳醫師，在丈人施壓下死馬當活馬醫的照做了，沒想到這所謂的符水灌入喉後，夫人不久即有反應，這對無神論的陳醫師來講，震撼不小，隔日隨即答應讓東興廟的乩手與桌頭前來陳宅辦事。當池府王爺聖駕一到，乩手即持手轎衝往事發地點廚灶處，手轎激烈的揮動，指向事發地並寫下兩字：「內神」。後來經過桌頭解譯才知道，在事發地這一角，有一位內神在此，但近一次的房屋裝修時並不知此處有神靈，便設廚灶於此，幾任住戶終年將污水往此地傾倒，附近還有廁所，斜上方還有一座木梯橫於其上，人人跨越，這對內神是大大不敬，內神也出面示警多次卻無人理會，終在這一次出手點化。是故，此事就醫不會有幫助，應該盡速更動屋內格局，將這些不敬的設施移走，自然轉危為安。

歷經震撼教育的陳醫師，事後隨即依照池府王爺指示，更動屋內格局，將廚灶往後退了五、六米之多，廁所更移到整棟狹長格局的最後方，花了近三個月完成裝修後，陳夫人竟就不藥而癒了！原本以為遇上生死大劫，誰知請示神明後，一個跟醫療完全無關的裝修工程讓故事完全改寫，陳醫師自此不敢怠慢，便又再透過扶乩請示池府王爺，表示他已信服，但不知這位內神是何方神聖，願意為內神雕塑金身永供奉。當時這位內神不知道是氣還沒消或者想進一步觀察這個年輕人，並不想告知身分。池府千歲便出面打圓場，祂指示陳家：既已知道內神之所在，在該處牆角地上置一香爐，早晚奉拜亦可，心誠則靈。陳醫師無奈，只得依照神示，克難地奉祀這位內神。不過，池府千歲其實留了一個相當明顯的伏筆，祂最後還交代陳家，在內神所在的牆面上，剪一紅紙書一「財」字，對面牆上的對應位置，則另貼一「興」字，財興相映。也就從這年開始，陳家展開了七年的「拜牆角」時期。

武財公再現

不過，所謂「鐵齒」的人格特質除了主觀較強，其實另一方面也是意志力較堅定，他的想法一旦改變就更難反悔。陳醫師自此之後，每日早晚一定三炷清香、三杯清茶，連續七年不輟，這實在也不簡單，終於，七年後感動了這位內神，在民國五十九年時又再藉池王乩身交代自己的出身來歷——原來，內神便是財神趙公明，殷商人氏，成

恭祝
天官武財神
恭祝
天官武財神
農曆十二月初八日
錦樂閣掌中班一台
恭祝
天官武財神
農曆十二月初九日
大戲一台
恭請
天上聖母
關聖帝君

道久遠，在道光廿九年有信士陳再發奉請財神金身渡海來台，登陸地點即是笨港。陳居士擇地設一草廬供奉神明金身，即是保生堂的現址。其後隨著時日經過、人事凋零，金身與草廬淹沒於歷史的洪流中不知去向。財神爺公表示，沉潛近百年後，祂想再顯化、再出來濟世救民，但這次既出，不想無功而返，祂見陳醫師命中有三光之格，只是不知道意志是否堅定，因此觀察了他七年，七年誠心不輟，自此天時人和俱足，祂要正式出來渡救萬民了！就這樣，民國五十九年，陳醫師

陳醫師與夫人舊時在保生堂合影

終於知道內神的真正身分，也終於獲准為財神爺雕塑金身了。

只是當時本省並無崇祀財神爺的廟宇，財神爺法相應當如何無人知曉，這難倒了負責雕塑的師傅蔡俊雄，他便來到保生堂內神處上香，祈求財神爺給他靈感。回去之後，蔡俊雄果真於夢寐中見到財神爺顯化，也果真與陳夫人及黃清南先生所述雷同，財神爺膚色黝黑、體型魁梧、武將風範，最明顯的特徵是「龍目」，亦即雙眼激突、面貌威猛凶惡。親見武財神示現後，蔡又來到爐前稟報，表示財神爺公法相太過凶猛，

中路鎮殿大天尊及五路財神爺

若照實雕塑，怕不少人不敢親近，在徵得財神爺公同意（以現代的講法便是稍微「美肌」後），才雕出首尊天官武財神的金身，即是目前財神祖廟鎮殿大天尊前方、五尊尺二天官武財神中間的這尊。天官武財神的金身開光後，安奉於之前置放香爐的那面牆前，武德宮就此開宮，鄰里之間迅速傳開：「原來保生堂裡的內神就是武財神喔，難怪生意一直這麼好。」鄉里間聞風而來者眾，很快地便讓原本是看病抓藥的保生堂裡，充滿了來求事業、求財運的信徒們。由於「財神爺公」或「武財神公」或「武財神爺公」的名稱都太長太拗口，一段時日後，大家便都習慣以「武財公」來稱呼這位一出來救世便轟動萬教的神聖。

民國六十五年，在武財公降旨下，又雕了東西南北四路財神，但皆以中路老武財公的法相為準，象徵五路以中路為尊。也是從彼年起，武財公開始同意讓信眾分靈祂的金尊讓人回去奉拜；擬奉請者，在前來保生堂武財公座前乞得聖筊後，即可取得香火與一符。開始開放分靈當天，陳醫師的女婿，也就是我的父親，起了個大早從台北搭車南下北港，準備博得第一尊的好彩頭，可惜因路途迢遠，被鄰近的黃江忠先生搶先一步拔得頭籌，祈到第一尊分靈，是謂「大爺」。父親祈得第二尊，是謂「二爺」。首批開放，僅十三尊，世稱「十三天尊」。在那個經濟剛要起飛的年代，許多打拚事業的

人都希望能請得財神爺回家保佑眷顧，十三尊怎麼可能足夠！因此在當年秋天以及隔年，分別又再開放了「左輔」「右護」「後衛」等各三十六天尊；民國六十六年冬，更成立了武元德、武亨德兩個爐會。這個中斷將近一世紀的信仰，再次出發，爆發力相當驚人。

甘蔗田間的財神廟

民國六十七年，陳醫師，我想該改稱為武德宮的陳主事了，陳主事鑒於前來保生堂參拜的信眾越來越多，有感於這個時代，太多人需

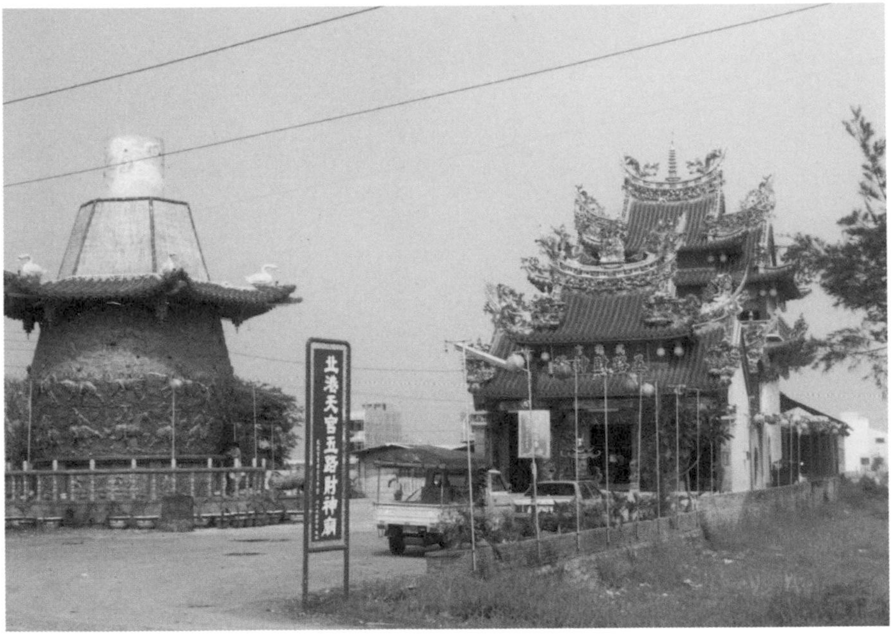

矗立於甘蔗田間的信仰聖地

要財神爺的慈悲指引與護佑，另一方面也是叩答神恩，他便向武財公發願，願意捐出自己名下的土地讓武財公建廟，也讓信仰有更大的發展基地。當初老主事在鎮內有不少土地，但武財公卻偏偏選上當時遠在鎮外、荒涼未開發的「新街」段土地，那裡可是一望無際的甘蔗田，直到武德宮初建廟，都還是偏僻得嚇人；據稱早年清晨經過該地時，還會聽到千軍萬馬練兵馳騁的聲音，總讓不得已必須經過的行人加速逃離。本宮林秘書長曾回憶起小時候，要是讓長輩知道曾調皮騎單車到五路財神廟附近，回去可是會被家長氣到打斷腿的，你就知道那荒涼程度了！這塊兩千坪的土地，當初陳主事其實已經簽約要開發蓋房子賣人了，但既然自己的「老闆」開口，陳主事二話不說，隨即著手處理違約賠付的事宜，約略半年後，才終於可以興工動土。

民國六十九年，這個在甘蔗田間蓋起來的財神廟正殿完工入火安座，信仰有了正式的發展基地。在七〇年代，武德宮靠著赫赫神威，漸漸吸引了中部的企業界成為信徒，更在武財公扶鸞的指引下，許多企業信徒的中小企業被扶植成了大企業，信仰開始蓬勃發展。也在這個時期，武財公的鸞文漸露鄉情，後來更表示，不久後將帶領宮眾回到祂的故里探視。當時還處在戒嚴、兩岸不得往來互通的時期，獲此聖諭，老主事與宮眾都不知道如何處理，只能靜待。未料，民國七十六年底突然宣布解嚴；

七十七年初，便在老武財公一聲令下，率領宮眾信徒（含某食品集團及乩生吳木森等）前往山東探視故里，並由楊桂良先生負責攝影。當時先赴香港轉機前往濟南後，眾人在事前不知道目的地的情況下，均靠著立地扶乩指示下一個去處的方式，一站一站輾轉來到了濟南西北方百餘公里齊河縣內一處叫「趙官鎮」的地方。進入趙官鎮後，扶乩指示最後的目的地卻是一處平坦的空曠處，簡易的牌子寫著「農貿市場」，原來是一個農產品的集散市集。當時我們的旅行社是在山東找的，經他們協助詢問，才發現市集所在地過去是崇祀趙公明的廟宇，毀於文革，廟地夷平後目前作為農糧市集之用。

開基祖廟，大宮告成

經旅行社協助，宮眾商借了趙官鎮人民政府的辦公室現地開壇，老武財公除了對宮眾為這趟萬里溯源的辛勞慰勉致謝外，也為文抒發了祂的感慨與鄉愁。回到台灣後，祂告訴宮眾這趟大陸行的用意，是讓大家知道，過往祂的足跡，已經毀於人禍，這也是祂必須易地開基的原因，並諭令自此，以台灣雲林的北港武德宮為祂的總根據地；也從那一年起，我們正式掛上了「開基祖廟」四字。要知道，武德宮殿堂裡的一字一句，未出自神示，人不敢譖越。自此，香火益盛、神威益赫，信仰擴張速度一日千里。

從民國六十五年開始分靈至今，光是武德宮制式公版的分靈武財神金身，就超過六千尊，這相當於有六千個天官武財神香火的分駐點。武德宮從民國六十九年入火安座之後，接下來又陸續大興土木，三十六年間從一個殿擴建成為有三大主體八殿一牌樓、占地超過五千坪的巍峨宮貌，直到甲午年（民國一〇三年）才算「大宮告成」，廟宇殿堂才算完工。那年舉行了百年之內無二回的世紀慶成醮典，同年也是開宮以來分靈最為踴躍的一年，單一年度光是制式的宮版就分靈了六百六十六尊，此後的每年，仍維持有每年五百尊左右的分靈。這樣的擴張速度，在台灣甚至兩岸的廟宇裡，都罕有能出其右者了。

我在民國九十九年接任主委，至今已滿十年。十年間透過第一線同仁的分享、幹部的引介以及自己在網路上直接與當事人接觸的經驗，我們知道有許多處所供奉的財神金身，從開斧入神、開光安座等所有階段，都與武德宮無任何關聯，卻在神尊開始有溝通橋樑可以傳達意思後，表明自己的靈來自台灣雲林北港的武德宮，而這樣的案例不只台灣各地有，還有來自馬來西亞與新加坡的案例，顯見天上關於武財神神職的派遣，確有一個總部與中心，也可證武德宮出自神諭的「財神祖廟」四字，真實不虛。

財神趙公明

這本書，其實就是要側寫財神趙公明，希望藉由最貼身之聽其言、觀其行的記載，給你第一手關於老武財公、關於真正的趙公明之性格、思想、教化與事蹟，從而讓你真正認識這位神聖，而不是在看了一堆不知道出處、考據、來源，並且常相矛盾無法互為印證的古籍、記載、傳說後，覺得一知半解甚至錯亂。因此，我只先稍微用一種以鸞文為主、典籍傳說為輔的方式，以記載或傳說裡與我們鸞文比對相吻合的部分，來拼湊出財神祖廟版的「趙公明簡史」，作為祂背景的交代。

首先是關於祂的出身。典籍裡與傳說中都提到，趙公明為日精托世。《典籍實錄》裡說祂為日之精，「上古時天上現十日，堯命羿射九日，八日落入青城之內為鬼王，一日幻化為人，騎黑虎，執銀鞭，隱居蜀中，乃趙公明是也。」明代王逵的《瑯琊金石輯註》說：「昔者天上生十日，帝命羿射九日。其八墜海為仙，海上八仙是也。餘一隕於天台，其身為石，太陽石是也，其精為人，趙公明是也。」關於這部分，武德宮在乙未年（民國一〇四年）六月廿五日內壇時曾出過這麼幾句話：

於民國一〇五年從廣州迎回的明代座虎財神

吾乃山東日石化
本島開花佈回岸
終須有時合而一

武財公清楚的表述了日石之說與山東之源，因此我們沿用與之符合的這些記述。接著是財神正壽，也就是武財公從日精化為人的「生日」。典籍多表述祂為殷商時期人氏，這沒有爭議，雖然也是因為沒法爭議。但殷商國祚甚長，到底是殷商的哪一段？民國七十二年，老武財公便在降鸞時回答過老主事這個問題：

一切總是三因果
輪迴苦海做徒弟
吾是嵋山武財尊
萬民安泰救世尊
時值癸亥葭月吉
三千柒百肆拾壹

民國七十二年那年，武財公慶祝的是三千七百四十一歲生日，以此推算，武財公誕生於西元前一七五七年。關於祂的道號，從祂在內壇降鸞時的頭銜都一直是「金龍如意正一龍虎真君」可看出，並無「玄壇」二字；而為文時都固定藏頭「天官武財神」，也與祂神格有關。在晉代的《搜神記》裡，記述趙公明為督鬼之神。晉之後，又有典籍提到趙公明主瘟疫，為五瘟神之一。在新冠肺炎疫情肆虐全球的這一年、也就是民國一〇九年，此年的農曆三月十九日，在我們剛過了一個管制內殿、實名進出、緊張兮兮的財神聖誕防疫祝壽大典後的第一次內壇，神駕出了：

師尊門下可平順
瘟者可主何可擾

意思是說，武財公的門徒在這波疫情裡會平安，瘟疫在祂的主掌範圍裡，大家有什麼好害怕的呢？看來似乎認為管委會在財神聖誕的一些管制措施緊張過頭、太過緊張了。這對於沒有信仰的人或許覺得迷信不可取，但看完了這本書你再回頭看看這段話，想法應該會完全不同。不過總之，鸞文算是為武財公亦能「主瘟」做了背書。

上述這些形象，不管從傳說或從典籍記載，大致就是坊間對於趙公明信仰裡所謂「玄壇脈」或「元帥脈」神格與職掌的印象。這個時期的法相，普遍都是武將造型，最典型的便是執鞭座虎，坊間也常稱此一神格的趙公明信仰為「玄壇元帥」或「玄壇爺」。另一個「寒單爺」其實是個美麗的誤會，那就是「玄壇爺」三字經過長時間廣大地域的流布、口耳相傳的別字而來。東南亞許多地區都有古老的玄壇爺廟宇，以當地濃厚的口音念出來時，與「寒單爺」三字無異。

元、明之後，趙公明信仰才較明確的轉化為如今的財神信仰。財神的法相，最明顯的不同就是不再持鞭、怒目準備廝殺，執持的法寶改為元寶與朝笏（奏版），這在台灣，首出自北港武德宮，這也就是所謂「武德脈」或「財神脈」的趙公明法相。除了法相，「天官武財神」一詞，也始於北港武德宮，源自於武財公每次降鸞時，藏頭於詩文中的頭銜。現在全省各地、甚至海外，即便自雕趙公明金身，也常會依樣畫葫蘆地鏤刻「天官武財神」的字樣於底座。

在台灣，過往的趙公明信仰，只有玄壇脈的香火，並無任何以財神神格奉祀趙公明的寺廟，直到武德宮開宮；因此，武德宮是台灣首家財神廟無誤。看到這邊，本書開頭就要先為你耳提面命：在武德一脈的信仰裡，「玄壇」二字，有貶抑武財公神格降回元帥格之意；因此，誠心的建議你，除非經過神明授意，否則不要這樣使用。關於武財公的神格變化，在後面的章節〈武財公的神格演進〉裡，會有詳細的説明與例證，我們就先簡單交代到這裡。

考古與歷史，不是我們的專長，讀者們想看的，應該也是真正來自我們第一手的見證與記錄，這些沿革與前情提要，是貼心的出版社希望主委務必補充作為開場，以便讓對武德宮的歷史或對財神爺的背景不熟悉的讀者，可以較快進入狀況。這裡典籍與傳說的引用，不是學術用途，只是稍微快速整理一下找得到的資料讓你先有個概念，所以，久等了！接下來，我們就趕緊來一窺天官武財神扶鸞濟世的堂奧吧！

貳 天官武財神扶鸞濟世

什麼是扶鸞？

扶鸞是傳統信仰裡由來已久的人神溝通橋樑，是一種神明降示旨意的方式。鸞，原是一種神鳥，傳說中為神明信使，因此有傳達神諭的功能。扶鸞，基本上就是「扶鸞筆著述出鸞文」，也就是：神駕降駕在鸞生身上、執持鸞筆，用特定文體降下詩文，以傳達旨意、表彰意思，有的是勸善向善，有的則是要指引迷津、濟世救民。早期的鸞堂，扶鸞時由兩人執持鸞筆降文辦事。傳統的鸞筆是雙岔，前端是鳥頭，這隻鳥就是鸞鳥。鸞筆的外觀也有其他變形，例如有的是以龍頭或鳳頭代替鳥頭。雙岔的鸞筆雖由兩人執持，但實際上只有一人受駕，另一人只是輔助扶持的角色，這跟本省以手轎／輦轎扶乩的方式其實性質是一樣的，常常都是一人受駕，一人為輔。

在電影《大佛普拉斯》裡，有一段描述傳統扶鸞的橋段。電影裡信眾焦急地求神明指引迷津，但神明卻慢條斯理、老生常談地要主角堂堂正正做人、要孝順父母、在社會上做個有用的人等，這當然有點調侃的意味，但也凸顯出傳統扶鸞給人的印象——「勸世」，我勸你做好事、做好人，你要「自渡」。

不過本書要談的，就不是像善書、勸世文那般講講道理的扶鸞了。我們要講的是「濟世」的案例：人力所不能解決的苦難困境，我直接幫你、我直接教你、我渡你出離苦難，等你變好了，你再幫助其他人，這是「渡人」。書中內容，全都集中在同一家廟宇、同一尊神明的同一個鸞生身上；這也是她從一張白紙，因緣際會被揀任為鸞生，受訓、訓成，直到開壇濟世創造許多不可思議神蹟的重大歷程。透過這些人、事、時、地、物清楚的第一手記載，希望大家除了可以認識扶鸞、親近扶鸞、信任扶鸞甚至辨證扶鸞外，也希望大家對於鬼神、對於信仰、對於你過去自以為的表象世界（甚至是你所知的科學範圍），在看法與觀點上都能有顛覆性的改變與成長。

我從接任北港武德宮主委一職後，扶鸞就一直是導引我人生、或公或私（甚至是公眾事務上）的最高指導原則與標竿。透過扶鸞，我死裡逃生戰勝惡疾重獲健康、我洞燭機先獲得指引投資獲利、我恪遵神諭拓展宮務壯大信仰。我把我這一路看似怪力

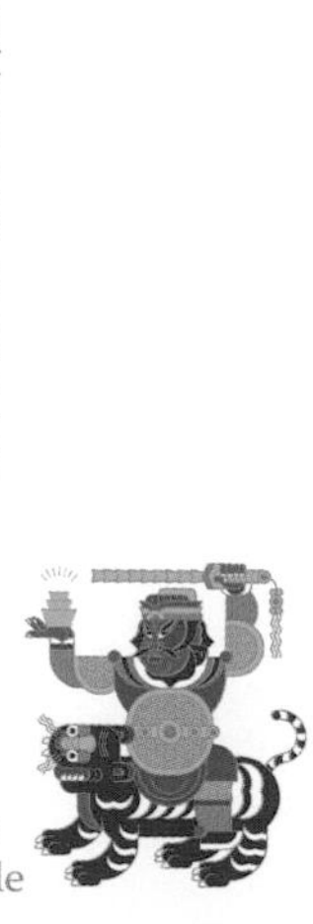

亂神卻又真實無欺的經歷寫下，希望以此開讀者的眼界，並增長大家的智慧與正見。

天官武財神扶鸞

財神祖廟北港武德宮，從中藥行裡的一只香爐開始，到現今巍峨的宮基、鼎盛的香火，分靈更超過六千尊，背後的原因很多，但其獨樹一格的扶鸞濟世傳統，絕對是功不可沒的一大要因。許多人、許多企業，都曾經受過這隻鸞筆的指引而脫離困境或者突飛猛進，也因而成為虔誠的門生。

三才生（鸞生、筆生、唱生）

武德宮以及武德一脈分靈，都是以特有的葫蘆桃筆為扶鸞工具，且與傳統雙岔鸞筆或輦轎扶乩需要兩人操作不同，葫蘆桃筆僅由一名鸞生執持，神駕降於鸞生身上後拔筆出文，再由旁邊負責判文的「唱生」把每個字辨認並唱誦出來，無誤後「筆生」立刻抄寫記錄，才成為鸞文。鸞生、唱生、筆生的三人組合，合稱為「三才生」。

在開壇濟世前，會先焚貢末，並以三炷清香敬稟神聖後插於桃筆上方，謂之「寄香」，接著會燃壽金，淨壇逐穢，方敦請神駕降到鸞生身上，謂之「起馬」。起馬後神駕到來，可以從鸞筆的晃動乃至鸞生面部肌肉激烈的震動觀之。神到，就可拔香入爐，三才生便各自就位，等神駕拔筆。拔筆後，第一件事通常是以筆抵住鸞生後頸，將自己的頭壓近爐口，以香煙淨過鸞生的面部片刻，之後方才出筆。這其實是一個通聯、充電或換氣的動作，想像神駕從高一個次元的「真實世界」進入我們這個維度空間去控制鸞生的身體，就像是駭入了一個主機暫時取得了硬體的控制權。但我們這個硬體可是活生生的有機體，鸞生身體的自主反應會隨時間而調適回來，慢慢恢復控制權。當人的自主慢慢回來，神駕對這個主體的控制力就慢慢減退，因此需要不斷透過淨香去屏蔽、充電，以維持神駕在濟世時的「系統控制權」。控制權須待神駕濟世完

畢、書一個「退」字離開後，才會釋放回去，鸞生便會醒來。但這時還須再化壽金一只，也就是「落馬」，恭送聖駕，否則鸞生仍會有極大的生理反應與不適感，須知有迎要有送，禮畢鸞生才會完全恢復。

神駕開始開文之前，會先「報頭銜」，告知來者何神。武德宮主神是天官五路武財神，共有東西南北中五路；早期每一路武財神各自有各自的乩生，報頭銜的方式也略有差異。以目前出任公壇濟世（也就是對一般大眾）一職的南路武財神爺來說，祂降文前報頭銜的習慣格式便是「風調雨順．國泰民安．奉旨褒封天官武財神出」，你可能會想說，這要仿造有何困難？閉眼依樣畫葫蘆在木板上煞有其事地敲出這幾字不就得了？別急！報完頭銜，接著神駕便會降下一首五句的七言藏頭詩，每句第一個字會藏頭「天官武財神」，不只如此，在退駕前，同樣還會再來一首藏頭「天官武財神」的詩，並固定再補上兩句偈，方會退駕，這五加五加二共十二句詩文，便是南路武財神降壇時特有的格式與標誌，而且還不只是藏頭，像是雙藏頭、三藏頭，甚至通篇都藏頭的詩文，更是屢見不鮮、不勝枚舉。像以下這篇癸巳年荔月十七日（民國一〇二年六月十七日）的公籤（也就是片頭啦）：

天池明鏡昭南陽
官府東興齊鯤海
武千屬庶官鯓恭
財歲壽誕祝池王
神降賀宴慶王歡

每句第一字是藏頭「天官武財神」，但第二句則嵌有「池府千歲降」，第六句則藏了「南鯤鯓池王」，這就是三藏頭。而以下這篇更有趣，它是雙藏頭，但重點在於，每句的第二個字，是倒著藏頭，從最後一句藏頭上來可以看出是「白玉佛降壇」：

天壇玄師清海適
官降釋簡證菩提
武佛慈憫謝巖谷
財玉曆寶延壽齡
神白歸真玉聖潔

這些都還只是片頭片尾的「作文」，開壇濟世的重點，當然在中間的「濟世」囉！

就南路武財公的習慣來說，假設我是個流年不利、工作不順，想問事業運途的信眾，那麼通常我在問事時、向神駕稟告完姓名地址生辰以及所請示的問題後，我便會得到一首大約五到七句且前三句藏有我姓名的藏頭詩，詩文中通常就會概述我的狀況並直接提供解答的方向；若是信眾還有疑惑，則會再針對問題再開出詩文解惑。神明落駕出文時，出筆都快如雨下、毫無遲疑，為文既要文辭優美、又要解答疑惑，還得符合格式並且藏頭；一壇數十位信眾，也就是一壇數百句詩文，如此三天一壇，數十年如一日，仿造？你要試著仿造看看嗎？

為文的格式還只是初步而粗淺的辯證方式，可以先初步排除人為造作的可能性。其他的觀測重點，還可以從降鸞時的手勢動作、用字遣詞、鸞生的生理反應等看出徵兆端倪，有時甚至可以據此分辨出是誰來降文。以武德正主中路武財神為例，祂降鸞時報頭銜與藏頭格式，不只各時期有所不同，同一個時期也常變換，但祂只要一降壇，強大的氣場會讓周邊體質較敏感者立刻有宛如泰山壓頂般、排山倒海的壓迫感襲來，難以頂受；而中路鸞生被降時，面部肌肉則像是強烈電流灌注而下會激烈抽搐抖動，這完全無法以人力來擬造。中路鸞駕在以爐香淨面時也不像其他鸞生遠離爐口象徵式的走個過場，在這個過程中，正鸞的鼻口往往離熱騰騰的爐口僅兩、三公分，熊熊濃煙自鸞生臉頰兩側竄出，有時時隔三、五分鐘後才再抬起頭也算稀鬆平常——要知道，這相當於暴露在火場濃煙中，常人幾難存活，但卻是鸞生師姐的日常。早期沒經驗，年輕愛美的鸞生常植好又長又捲的假睫毛來開壇，濟世完畢後她一抬頭，嗯，只能以「付之一炬」來形容……。

降鸞時鸞生師姐以香煙淨面

武德扶鸞演進史

武德宮舊址係位在北港中山路的保生堂，民國六十九年後才在現址入火安座。早年還在保生堂時即有降鸞辦事。一開始我們沒有自己的乩生，當時神駕要傳達旨意，只得先調借新港東興廟池府王爺的乩手來幫忙，當時的乩手是林秋霖先生。而因王爺扶乩都是以手轎為之，因此早期武德宮扶鸞其實就是借用台灣王爺信仰的手轎／輦轎扶乩形式來表達意思。

民國六十五年起，武德宮開基主事，也就是我的外公陳茂霖先生在稟告武財公後，開始自訓新乩。他在任內前後共計找了一、二十個人，上稟武財公要調訓為乩，最後成訓並有開壇辦事者約略一半，成訓的比例不低，但同樣的，失敗的比例也是。早期首批訓乩，東西南北中五路都有訓成，分別是東路蔡俊明、西路陳易松、南路吳明人、北路陳易鴻、中路黃春雨，當時他們都是鄰里或地方上的年輕小伙子，對信仰很感興趣，對扶乩也很好奇而自願加入。不過也由於他們多半是閒暇時義務幫忙，缺點是遇急事時常調無人手支應，後來也才慢慢演變成固定一乩、並變成專任，由宮裡支付薪水成為正式編制的員工。

目前祖廟負責對外公開濟世的是南路武財公，每逢農曆日期尾數一、四、七的日子都有開壇濟世，是謂「公壇」；武德宮的內部人、關係人或是信徒，有情節重大、身分特殊、請示事項過於敏感者，則會另擇人少的時段開「私壇」；而於公私壇之上，還有個「內壇」，這是本宮主神中路武財神處理重大急難、重大病苦以及管委會呈請主神核決重大宮務時的最終裁決。本書接著所提到的真實事例，全都是出自內壇的實際見聞，讓外人能藉著這些第一手的記載，一揭內壇的神祕面紗，並且也能側面了解，為什麼一間起於雲林小鎮的廟宇，在短短幾十年間可以開創出如此規模，並拓展香火到全球四大洲！

扶鸞／扶乩的辯證

社會上的詐騙案件層出不窮、五花八門，有詐稱公部門要協助你的、有謊稱是電子交易錯帳要退款的、也有打來就瘋狂啼哭說是你兒子現在被綁架的，當然，也有非常多是藉信仰之名、行詐騙之實的案例。假借信仰的詐騙，基本上就不是信仰，卻汙名化了信仰。讓自己不被這些猥鄙的人事物所蒙蔽欺騙的最好方式，就是你自己本身有足夠的正信與辯證能力。

因此，在讓你知道武德正主扶鸞濟世的赫赫神威之前，要先教給你一套刀槍不入、神棍不傷的防身術與靜心訣，以免日後你聽到扶鸞便毫無抵抗的盲目崇拜信服，而不去思考辯證。這是我個人的經驗談與分享，也是我個人評判辯證的一些標準。

一 大數據是個好工具

武德一脈以桃筆扶鸞，如前所述，鸞文本身須具備既定格式，格式本身雖有初步的防偽機制，但只是初步。因此我們前面又提到，祖廟扶鸞，每位武財公都有各自的表徵特質，以此可作為觀察的面向。

武德宮作為台灣財神信仰的中心，數十年即累積數百萬信眾，祖廟武財公的濟世又經過幾千壇的考驗、多少信士臨壇請示的淬鍊，這樣的

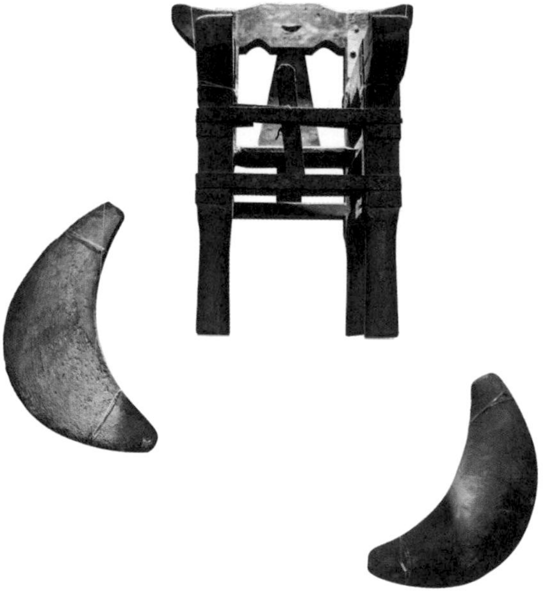

早期扶鸞的鸞椅與聖筊

群眾基礎與公信，就是非常好的指標。如果你本身對扶鸞沒有什麼經驗也沒有太多認識的話，也沒關係，大數據是好指標，相對於信眾寥寥可數、竄起時間短、缺乏可觀測之長期穩定基礎的宮壇，你為什麼要捨離不圖你什麼的正信大廟而偏跑一些動輒讓你破費的小宮壇？只因他們主神在茫茫人海中指名道姓地點到你？說你跟祂非常有緣？說你帶天命？還是因為相對於沒有對你特別聞問的大廟，祂對你的噓寒問暖與特別關照，讓你覺得有溫度、讓你感受到愛與慈悲？如果是這樣，那麼恭喜你，你已經半隻腳入坑了。注意，我這裡講的不是宮廟堂壇的規模大小，我講的是濟世累積的公信，時間與見證人數皆然。

二 預言還是話術？

鸞示的效力，基本上還是要看結果論。但是，即使以「同樣說中結果」的結果論來說，有的是預言，有的，則屬話術，你要能夠分得清楚。要知道，你現今想要請示的對象，是神，不是人，「你要的，是一個人力不能及的指引。」記住這句話。

我曾經在網路社團看過一個令我啼笑皆非的「神蹟」分享，雖然我沒有勇氣當面戳破。某人說有個阿伯患了某疾症，因此在他們宮開壇時來請示他們的神明，神明說

「會好」，一年多後，果然病好了的阿伯回去他們宮還願了！就這麼簡單，他的神蹟就這麼短短幾句話，下面就已經一堆「有神快拜！」的留言了……。

首先，我們來判斷，講出「會好」這句話，到底是不是人力所不能及？阿伯所患的，本來就不是什麼會致死的絕症，隨便一個親朋好友，每個人都會跟阿伯說：「會好的！」那這跟「神明」講的，有何不同？「神明」講出這句話，要如何超越人力所不能及？當然，在這例裡，如果真有神明來降，祂當然也不能講出「不會好」的結果，因為會跟事實相悖，那就連人都不及了。因此這個案例，你也只能含蓄的說：「這並非人力所不能及。」雖然這意思不等同於「人為」操作。但，以剛剛教你的辯證標準來看，這個例子，就只能先以「沒有辦法累積公信」做收吧。

我馬上舉一個強烈對比的例子，這是本書後面的章節〈腦溢血昏迷，敬祖二日醒〉，提及有個腦溢血病患，在加護病房幾日都無甦醒跡象，焦急的家人來開內壇請示老武財公，「未稟」，注意唷，家人在剛開壇上前時都還沒正式稟報，老武財公已經把家裡有雙姓公媽未敬拜的事情以詩文先點破，並告訴他們，以為人子孫之禮妥為供奉斷祀的先人，則「兩日」，果然兩日即醒。你比對一下，做這兩例預測，難度差異多少？哪個是預言？哪個是話術？

三 提供過多資訊，你得到的只是「分析與評論」

我認識一個乩生，非常會察言觀色，非常會打探消息，非常會利用旁人營造氣氛。舉例來說，他相中某甲，想吸收某甲作為信徒，適逢某甲有陣子身體不適，氣色很差，他便到處打探某甲身邊的人，從同事長官、親朋好友，甚至連吵過架、有過過節的阿貓阿狗，他都有辦法私下接觸打探隱私，不僅連某甲的起居作息，到他生了什麼病、有什麼症狀、到什麼醫院看醫生都一清二楚，在相關資訊都掌握得差不多後，他便開始在降駕時「賜文」點名某甲，神威顯赫地直指他身體有恙，神威顯赫地告訴某甲就是什麼病症，更神威顯赫地告訴他這病若要好，務必要轉到某某醫院找某某主任（其實查網路就知道某某主任就是國內此病症的權威），某甲見文大驚，便與旁人齊聲喊出：「有神快拜！」該名乩生開壇辦事前，信眾要提具的資料也詳細得如身家調查，鉅細靡遺、抽絲剝繭的問卷，最後開壇寫出來給你的，就比較像是分析、評論與建議了。還是那句話，「你要的，是一個人力不能及的指引。」

開壇濟世前，對「神明」恭敬地稟報自己想請示的問題，包括人、事、時、地、物的描述與自己的祈請，是必要的禮節。但是，對「人」，就大可不必在事前過度透露，

以免換來的，不是你需要的指引。

乩生非神，他們只是神明借體辦事的載具，而且神明分屬諸天，位階森嚴，神威差異常何止天壤，何況若無經驗可以詳加辯證的話，究竟乩生通到的是什麼樣的靈？是神、是鬼還是魔？或是殘酷一點的說，到底有沒有通到？都是在你卸下心防全心接受並臣服之前，一定要冷靜清楚地思考過的。

有了正確的準備以及心理建設，那麼，我們可要開始進入我所真實見證過、這個世代的神話囉！

參

中路訓鸞，超業中選

在「扶鸞」這個人與神溝通的橋樑裡，人的部分，靠的是「三才生」，作為接收、傳達、轉譯以及記錄神諭的橋樑，當中最重要的角色，是身為「接收器」的鸞生。鸞生，通常是由神明擇定人選，經過相當時日的靜坐、修持、持戒與科考等訓練，通過層層的關卡後才得以代表神明傳達旨意。在看似靜態訓練的過程中，其實鸞生的心靈精神層面乃至身體狀況，都將經歷非常大的變化。因此鸞生的挑揀以及訓鸞的過程，是我身為財神祖廟主事履歷中的重大事件，也是個人對於信仰乃至窺探世界背後真相的一個重大經歷。

本書的絕大部分篇章，也都側重在我任內參與訓鸞的第一個、也是目前為止唯一一個成訓，更重要的，還有整個財神信仰系統最核心、最重要的中路武財神鸞生，在扶鸞過程中的第一手見聞。而這些見聞，從「鸞生的誕生」開始，就充滿了奇幻！

挑揀鸞生的奇幻旅程

民國一百年時，我辭去金融業的工作，在台北市八德路設立了一間投資公司，公司除了交易與後台人員，還有個祕書。秘書處理公司與宮裡行程、雜務與各項聯繫外，還有個重要任務，就是每天要幫我到公司神明廳點香、上敬茶與打掃維護。秘書是我以前金融業的同事，結婚七、八年，一直很想有孩子，但一直未能如願懷上。秘書到任一段時間後，有件事引起我的注意：每天上午她進了神明廳上香後，總會隔上

彼時台北公司裡的神明廳

許久都沒再出來。我有點詫異，有一次好奇便探了探頭窺看，發現她長跪於地，懇切地仰望龕上的武財公，低語良久，甚至講到感性拭淚，我便趕緊默默退出。隔沒多久，她突然向我提出辭呈，原因是——她懷孕了！因為這期盼多年得來不易的奇蹟，她非常珍視，希望在家好好安胎。到那一刻我總算領悟，她每天懇切祈求的到底是何事了。

祝福之餘，我還是得趕緊找接替的人選，於是便開始刊登人力銀行、挑揀過濾履歷。我印象中篩選出了兩次、共十幾二十多封履歷，在面談前我都先把這些履歷資料傳回祖廟，請同仁們在南路武財公開壇時幫我請示，畢竟人有許多面向，就算面對面談過也沒法忠實呈現。不過，讓我頗為意外的是，每封履歷，武財公似乎都不滿意，每一次的回答都是「再覓、再覓」。隨著秘書離職的時間逼近，我逐漸覺得有點壓力，直到有一天，同事對著有點苦惱的我戲謔地說了句：「老大，可以把蔡師姐的資料丟上去問問看啊！」聽到這個半玩笑話，我不覺得莞爾，反而突然拍手大叫了聲「好」，並且決定就這麼辦！

蔡師姐是何許人也？其實她也是我過去金融業同公司的同事，是個甜美的營業員，而且還是「超業」（超級業務員），業績相當好，是她們分公司的台柱。我剛出來開投資公司時，她超業的積極度立刻嗅到商機、很快找上我開戶，成了我們的營業員，也因為業務往來加上投資公司同仁多是我金融業過去部屬，蔡師姐很快便跟我們團隊非常熟稔。在那個階段，我們有個小困擾，就是週末的點香、上香。當時公司神明廳安座未久，武財公指示前三個月香煙要日日不斷，平日是沒什麼問題，但假日如果我無法從關渡趕至市區點香，可就麻煩了。這時期，熱心的超業便常自告奮勇地表示，若週末無人可以幫忙，她願意代勞。就這樣，我們設在公司內的神明廳，竟然也有了「志工」師姐，因此同仁日後便開玩笑地以「蔡師姐」來尊稱這位超業小姐。

在未事先知會蔡師姐的情況下，我在隔次的開壇，就真的把她的姓名交給廟裡的同仁去請示。但那次開壇，沒再出現「再覓」二字，而是藏有蔡師姐姓名的三句話：

蔡女人品及能力
淑允依合神人圓
如心以償不二人

鸞生蔡師姐，過去曾是金融界的超業

這！無心插柳柳成蔭，突然就BINGO了！問題是，這可是我們一廂情願自顧自地把人家的資料呈上去問，當事人毫不知情，這可怎麼辦？放心，神要成事，自己會去布局。我記得清清楚楚，在壬辰年（民國一〇一年）農曆七月十四日這天，發生了一件事。也真是湊巧，下午在北港問完武財公，傍晚蔡師姐人就正好來公司找我們的財務長，兩位小姐就坐在公司神明廳出口外不遠的會議桌，面對面聊著。據財務長轉述，她們聊到一半時，蔡師姐的目光突然被拉走，直盯著神明廳裡，動也不動，眼睛越睜越大，後來連嘴巴都張得老大。由於時值農曆七月，財務長不明就裡覺得有點緊張，趕忙跟師姐說她想下班了，兩人便匆匆離去。兩人走後，財務長聯繫了我，叫我跟蔡師姐打探一下，因為她剛剛好像在公司「看到了什麼」。

隔天一早，我在趕往北港參加宮裡中元普渡法會的路上，有另一個慌張的人也打電話給我，是那位即將離職的秘書。她緊張地告訴我，早上一到公司、進神明廳要點香時，赫然發現香爐外散射出一圈香灰，彷彿有人從神尊的方向踢翻過香爐一般——聽到這裡，我覺得事情實在太離奇，當場打給蔡師姐，問她昨天晚上是否在我們公司看到了什麼。師姐說，她昨晚跟財務長聊天聊到一半，突然發現神明廳裡有個人影，是個魁梧的大漢，高過兩米、身著戰袍，從神桌的方向走出來向神明廳盡頭的牆壁走

去，到牆邊時，竟直接穿牆而去！她說看到這一幕時，驚訝地張大嘴巴說不出話來！我聽到這裡、再對照秘書所說，沒有驚怖，反而開心得快合不攏嘴，老闆都做這麼好的球要給我打了，我豈能裝傻。

「呃，師姐，是這樣的，我有個關於妳生涯規劃的事想跟妳聊聊！」「啊？」於是我把事情的來龍去脈跟她說了說。如果不是武財公降文，加上她親眼所見神明顯化，她大概會覺得我腦子壞了，好好的超業不幹，竟提議她跑到一家剛成立的小投資公司上班並兼任宮廟主委秘書，這聽起來不像是個好主意。

蔡師姐其實自小就發現自己有敏感體質，但因為成長過程中在表述這些事情時都會受到大人的斥責而壓抑（其實長輩們多半清楚情況，但內心並不希望自己孩子朝這條路發展），也因此逐漸學會忽略這些感覺或是現象。但這並不能阻止她對於這些事物的感知與好奇。也許是她直覺到自己終究無法迴避這些事情，因此當我跟她提到來我公司以及武德宮服務時，她當時只是反應出猶豫及需要深思。「不如親自去問武財公啊！」我這麼提議。時值農曆七月，我建議她，可以等到農曆八月初一宮裡恢復對外濟世時，親自去請教武財公，她也覺得這是個好主意，便於當年農曆八月初一親自南下北港，在開壇時請示了南路武財神。當天，她把自己的顧慮（像是目前的工作穩定，薪資待遇也都優渥，貿然轉職是否妥適等等）向武財公提問，南路武財公賜文說：

蔡女所詢事業途
淑藉神緣有眷顧
如沐春風四季頌
加分前程倚心盼
共策乘風創新局

此文精要闡述了轉職之後，神緣眷顧、如沐春風，必能開創新局等遠景。當時，蔡師姐總算稍稍放心，也答應回去之後伺機跟主管提出離職。不過，等到真的回到公司上班，也許是心意還未真的堅定，師姐遲遲無法跟主管啟齒提要離職。此時，便又發生了件離奇的事：從北港回來後，原本業績在分公司（當時在兆豐證券大安分公司）數一數二的蔡師姐，業績突然大幅衰退、一落千丈，沒多久時間竟然就從名列前茅一路滑落到墊底。不只蔡師姐自己傻眼，分公司主管也覺得莫名其妙。事發當天上午十一點多，開盤已一段時間，蔡師姐的業績竟都還掛零，完全沒有任何一個客戶下

任何一張單，從前天收盤後系統可以開始收網路單起、到隔天開盤許久，連一通電話、一張網路單都沒有，心裡有數的蔡師姐受此「激勵」，無名火起，認命的直接起身，乾乾脆脆地找上主管談要離職的事了。

當時的主管陳協理聽到旗下的超業要離開，雖然搞不懂她這陣子到底怎麼了，但還是非同小可，好說歹說勸師姐再留下來，也許這只是一時的狀況；蔡師姐去意甚堅，也對主管好說歹說，兩人講到了一點多，快收盤了，主管總算勉強同意並放蔡師姐回座。這時精彩的來了，已經熄火好一陣子的許多法人客戶，竟不約而同地突然在當天的收盤前開始湧入大單，蔡師姐挾著幾個法人的巨大單量，在收盤前一刻，她當日的排名迅速地從墊底又拉升到了分公司第一名，看到這，蔡師姐無奈苦笑，知道後面有一隻無形的手在操控著，於是，心甘情願的離開了證券業，自此踏上一段奇妙旅程。

師姐接任秘書後，照看神明廳的重責大任，就交到

扶筆靜坐的蔡師姐

她手上了。自此，她也開始了例行性的上香、敬茶、清潔打掃，日復一日，幾無間斷。直到有一天，她在上香時聽到了一個聲音：「去拿筆」，從那時起，她便開始了扶筆靜坐的過程。

這個過程，極其冗長。從開始靜坐到第一次拔筆開文，已經隔了快兩年，而當中是極其靜態、外界看不出任何變化的枯燥過程。即便如此，平常訓鸞時，我還是都會請同事在一旁照看著；不過因為一直看似沒有成果，在旁看護的人，往往會覺得頗為無趣。就在開始靜坐快兩年

之後，甲午年（民國一〇三年）的農曆六月下旬，事情慢慢有了變化。蔡師姐在原本是靜態的靜坐過程尾聲，開始會拔起筆，但拔筆後頂多寫一、兩個單字，接著便迅速退去、斷電沒有下文；直到甲午年農曆七月初十那一天，是畢生難忘、度日如年的日子。

當天下班時間過後，辦公室只剩我與師姐，她說她下班前想再坐一下，我想也無妨，就讓她坐，我沒有全程顧護著，有時滑手機、有時出去拿文件，不料她坐沒多久，驚恐的場面來了——師姐拔出筆後，沒有斷電、也沒有要退駕的態勢，竟然正襟危坐地開始要寫字了！天啊！我沒有預期到，沒有心理準備，整間公司只剩下我，無可閃躲，只好硬著頭皮先衝出去找紙筆再進來，神駕真的要落筆了！第一個字寫完，看不懂！「請再示」，再寫一次，看不懂，「請再示」，三、四次後，才看懂部首。神駕越寫越慢，筆畫越寫越大，我才在讓神駕每個字都約略寫十次的情況下，認出字來。忙著謄寫時，神駕又出下一個字，我忙著寫字又漏看了一次，手忙腳亂加倍緊張，那天拼拼湊湊，總算從我像鬼畫符的速記裡，兜出了一篇文：

帥元巾旗幟帷同
燈起火旺誠醮燃

武心起緣兄弟情
千歲五年赫顯威
恩情南府腑憾惠
智謀一三五七九

接著鸞生手高舉葫蘆，以桃筆敕了敕，再出「成訓」二字後，寫下了令我感動到哭的字，「退」！

那年是大醮科年，有兩間王爺廟與我們都在甲午年建醮，因此「燈起火旺誠醮燃」。這篇文是要幹嘛，對我來說不是那麼重要，重要的是，「成訓」二字。從那天之後起，師姐每次出的鸞文都是正統的武德藏頭詩了，籤頭會藏「天官武財神」五字。不過，因為武德體系每間財神廟的每尊武財神，降文的格式都會藏頭「天官武財神」，所以到底是哪一位？資訊基本上還是很少。不過接著幾次，開始會在文前介紹來者何神，文首開始出現「東出」「西降」「官臨此處待趙爺」等字句，慢慢地讓我知道今天是東路武財公所出或是西路武財公所降；但是，「趙爺」是誰呢？

某次下班後，約七點開壇，降文時留了個伏筆：

城燈亮起燃法意
福德正神臨此地
百年淵源蔡信女
金龍分不清！

這位武財公說了，祂跟蔡信女有百年的宿世因緣，蔡女竟然認不得「金龍」本尊！金龍是誰呢？直到農曆八月初十，也就是成訓滿月的那天，才揭開謎底。當天，來降文者氣勢與落筆力度跟之前大不同，我們也注意到鸞生從那次起，每次降駕時，面部會有激烈的抽動現象，彷彿有強大電流從頂灌下，這種生理反應無法人為擬造。開頭，神駕落下了令人激動的頭銜「金龍如意正一龍虎真君降示」，顯然是中路武財神正主駕臨，大老闆到了啊！原來如此，這是大老闆在取鸞生的過程。回顧這一路，無怪乎有這麼慎重的鋪排，從擇定鸞生的人選，到現身顯化取信對方，接著顯露神蹟讓對方心服口服轉職就任，又再花了相當長的時間親自調訓鸞生（主委也陪訓兩年），並經過反覆的科考後，終於才在甲午年年底，獲得中路正主的認可，並在祖廟管委會陪同鸞生回祖宅敬稟祖先後，正式成為財神祖廟中路武財神的正鸞，開始了這一連串與神同行的濟世之路！本書其後的篇章，便是中路財神正主驚天動地濟世歷程的第一手見聞！

肆

開棺驗神蹟，迎骨奉寶塔

靈骸有異，主母託夢

甲午年（民國一〇三年），是中路正鸞成訓的那年，也是武德宮舉辦世紀慶成醮典的科年。我相信，在大醮科年讓鸞生急成訓，除了是中路正主要對主事者直接下達指令與調度外，我也大概知道，上頭開始在預做一些「人事安排」。

醮典期間，我的舅舅做了個夢，夢見我外婆在保生堂的櫃檯忙碌地抓著藥，這是舊時保生堂的每日光景。舅舅是外公的侄子、外公哥哥的兒子，因其父親早逝而由我外公外婆撫養長大。舅舅跟我說完夢境時，我還沒什麼反應。隔沒多久，換他兒子、武德宮的陳總幹事，也做了個夢，也是舊時光景，夢裡的外公與外婆在保生堂店口閒坐著聊天。由於聽起來都不是什麼大不了的事情，加上醮典期間又忙，我

也沒太放在心上。一直到同期間，住上海的大妹一次在家族群組裡閒聊，也說到她不知道是不是太想念外婆、最近有夢到她時，我才驚覺這似乎不太尋常，背後應該是有什麼事情。

大醮過後，接著的是宮裡忙得不可開交、如火如荼的農曆新年，直到正月十二日開內壇，我才去請示這些夢境。那一壇，我話才講到一半，神駕就開始出筆（看到後面你會發現，這在內壇是司空見慣的事）。武財公才用五個字就回答了我的問題：「主母、骨已黑」看完，眾人大驚。主母，就是老主事的太太、我的外婆。原來是外婆的墓有些狀況，難怪親人們都夢到她。神駕又出一「濕」字，武財公聖示，外婆的骨骸已潮濕浸潤到發黑了，須盡速開棺撿骨，這……。外婆是民國九十七年過世，距離當時才六年多；如今一個鸞生剛成訓不過半年，並且在前不久才正式稟報祖先，等於才剛「考到照」，馬上就有這麼勁爆的「代表作」，要我盡速去挖開先人的墳塚撿金入塔，這……這萬一弄錯了，我承擔得起嗎？再來，撿金之後，該安奉在哪呢？外公家族有個墓園，從外曾祖父以降的陳氏後人，撿骨後都安奉於該處。我便又向武財公確認，「開棺撿骨後，是否迎奉外婆回家族墓園？」不料，神駕又出筆，寫了：「蝶飛處」，「咦？難道不照陳家堂上慣例，外婆要另奉它處嗎？」聖駕頓筆曰：「是」。這……，又是另一個大難題！算了，我還是先把該問的問一問，再來想想怎麼處理好了。

新乩方成，開棺驗神蹟

看來，武財公已經作主為外婆覓得一個絕佳去處，不過這個「蝶飛處」太籠統，還是得繼續問下去。「地點可否請師尊再提示？」神駕出了一個字，是地名，我看出來了，是個山明水秀之地，恕我維護一下先人隱私就不透露了。「弟子知道了，但這地方範圍也不小，不知道師尊屬意的是此地何處？」神駕隨即出了：

央央土瑤化飛蝶
蹤出顯示法佛慧
武協勇召光明耀

嗯，完全看不懂。但，看得出是佛門處所。「所以這是隸屬佛寺的寶塔嗎？」曰：「是」，並說：「佛允」，武財公竟然已跟佛祖談過了！嗯，這樣看來，範圍好像收

斂了不少。此壇，便先到這兒了。

武財公說完，換我頭痛了。外公跟外婆採土葬，墓穴相比鄰。外公較外婆早四年離世，明明是相鄰的墓穴，武財公卻告訴我較晚近的外婆的墳已浸到潮濕發黑要盡速掘起；而時日較久遠的外公墓穴，問是否要同時撿骨時，武財公則說：

靈骸保留意不動　時年未屆再延年

「時間還沒到，再等幾年。」這……，怎麼辦呢？當時，我想到了一位我信得過的老大哥，我們曾共同經歷過一場重大淬鍊與洗禮——在建醮的前一年，我接到建醮任務後，靠著南路武財公逐篇鸞文的開示，我們才知道要請天師開香、要遴選主法道長、要置四大外壇，並且，每座醮壇都要有一位鎮壇的神聖，分別是「北鎮玄天南觀音、東奉福德西財神」，東壇福德正神、西壇武財神都沒有問題，但我們宮裡沒有玄天跟觀音，只好請武財公再開示要如何處理。關於「北鎮玄天」，南爺公說：「誼宮三玄迎聖帝」，去找友宮叫三玄宮的，迎請他們的玄天聖帝來坐鎮。三玄宮的玄天聖帝，即是與下營、玉井北極殿同時來台之三尊四百年玄天上帝的其中一尊，靠著鸞文的指引及主委親自在上帝公辦事時前往邀請，三玄宮上帝公不僅慨允前來鎮壇，更交代宮眾一定要辦得熱鬧莊嚴！

「武財公，那南觀音呢？」北壇解決完，我趕忙再找南爺公討論最重要的南壇主普壇。這次，卻沒有一個爽快的答案，長官賣了個關子說：「天機再覓緣巧出」，意謂：「再找啦！緣分會巧妙跑出來的。」十天後，真的「緣巧出」了！那天是平常上班日，我人在台北公司看盤，宮裡來了急電，是總幹事打來的，他壓低音量說：「主委，現場來了兩個奇怪的人，一男一女，男的說是佳里一間趙子龍廟的委員，姓謝；女的是謝的徒弟。」「要幹嘛？」我問了。總幹事說：「聽起來這兩個都有特殊體質，女的說她是佳里一間三百年觀音寺的信徒，她們的觀音佛祖來台四百年，歷史比廟還要久，說前陣子觀音佛祖顯化告訴她，明年北港的財神廟要建醮，祂要來坐南壇！」總幹事繼續說：「男的怕我不信，還拉我去大殿擲筊確認，結果一路都是聖筊！」天啊！不用擲啦！這他媽肯定是真的啊！因為我從頭到尾根本就沒對外透露過這件事啊！就這樣，在天上神聖引領下，不僅邀得四百年的觀音佛祖來鎮壇，也牽起日後我們跟佳里三百年觀音寺「佳福寺」的堅定宮誼；而牽線的子龍廟永昌宮，也因為這個奇緣自此

跟我們交誼深厚。我之後在遇到一些「靈異」類的事務時，總不會忘記跟子龍廟的謝委員謝文俊老哥、我的「顧問」討論討論。

好了，所以這次遇到外公外婆撿骨的難題，我又想到打電話給謝老哥了。熱心的老哥聽到這事，隔天就衝到北港來，陪我殺到府番公墓去一探究竟。進入公墓、才剛看到外公外婆的墓穴，老哥轉頭看了看對向遠處，皺了皺眉頭跟我碎念那個電塔有點影響風水。不過算了，言歸正傳，到了墓穴前看了看之後，老哥臉色有點變，跟我說：「安樂，聽你老闆的準沒錯，一定要移，真的！」就這樣，場勘結束，顧問也告訴你得這麼幹。

我那時想，好吧！這不只是神對人的考驗，這也是人對神的一個驗證，神人都要相得、都要互相信任。這麼大的事，如果主委信心動搖，日後要如何再委以艱難的任務呢?反之，這麼大的事，如果最後發現弄錯了，那麼主委日後要如何信服神諭呢？所以，這可說是對彼此的一個試煉，不只非開棺不可，並且一開，就要如神所示，不得有誤！

靈骨已黑，撿金入塔

要開棺撿骨，就要找俗稱「土公仔」的撿骨師。總幹事找來了在地一位經驗豐富的老撿骨師梁火炎先生，只約了他在某日要前往北港的府番公墓撿骨，並沒有提到其他資訊。不過撿骨之後到底要放到哪？我還沒弄清楚，因此接著我們又趕緊開了一壇確認。那一壇，我上前請示說：「師尊，上回提示的那個地點，符合條件的佛寺有若干間，不知道可否請師尊明示是哪一間？」武財公聽完，便出了「慈堂寶懺靈光照，佛日習課寶懺光」看完，我立刻就知道，武財公所指的是哪一間了。此時，我也已經心裡有數，這個神駕、這個鸞生，真的非常不一樣，直來直往鐵口直斷，沒有模稜兩可，不需要事後解釋穿鑿附會。祂會指引你，就是事前早有安排，一定有這樣一個地方，你看祂連佛祖都去喬了！地點明確了，我便請總幹事代為跑一趟，前去該佛寺了解如何取得塔位、緣金如何以及相關細節。不料，總幹事上門之後並不順利，吃了閉門羹。原來，佛寺塔位根本沒有對外開放，只留給建寺以及長期供養寺裡的大功德主，讓他們百年之後在佛前有一清修之地，沒有與外人結緣，寺裡對於我們找塔位找到他們那兒也大為驚訝。總幹事碰壁後，我左思右想，好不容易找來了一位與該寺淵源極

深、在地方上頗有影響力的前輩代為說情，畢竟這是神明指示，也不是我個人的私心，我請前輩轉達，我們也是信敬三寶的虔誠善信，看要如何供養我們都非常歡喜心，但求能照神示，讓先人得入寶塔清修。

前輩出馬，果然有了轉圜，住持法師說想要見過我這個人再說，他要親眼看過談過才會放心應允。於是，我隔天便前往佛寺面見法師。還沒到佛寺，沿路的景致與風光宜人，讓人心情都舒爽起來。一到目的地，看到殊勝環境後，讚歎不已，感恩武財公費心為外婆覓得如此絕佳之境！要我去找，絕不可能再找到優於此處者了！進了佛寺，法師慈悲，見到我之後可能覺得頗為投緣，我也覺得法師甚為慈祥可親，宛如自家父母長輩，當時大家相談甚歡。而當法師知道背後是神佛牽線、又看到相關鸞文後，也相當歡喜，便允諾讓外婆可以入塔。走前，法師只交代說，希望來這裡不是把先人丟給師父們就跑了，記得要常常回來走走看看師父與敬拜先人，我也開心允諾，事情就這樣圓滿了。

唯一的懸念——拾玉鐲

入塔前的一次內壇，武財公交代了骨灰罈的樣式，接著又說，主母現在將前往佛門淨地清修，基本上沒有罣礙，唯有一對玉鐲對她有紀念意義，命我進塔時記得將玉鐲放入骨灰罈，我記住了。撿骨當天早上，到了府番公墓會合，撿骨師梁老伯才看了看墓穴，閒聊似的跟我們說了句：「這內底喔，骨頭百面黑去啊！」（台語）說這裡面，骨骸肯定黑掉了！我們聽完驚訝得下巴都快掉下來，忙問「仙仔」是怎麼知道的？「仙仔」只笑笑說：「看墓碑就知道啦！」我們用力的看了看，實在看不出左右兩個墓碑狀況差在哪，不多說，開棺便知！這一開下去，阿彌陀佛，果然如鸞文所示，裡面已經潮濕浸潤，骨骸也略為發黑，「仙仔」說這要先燒過才能入甕，我們可以先回去，等會處理完了他再通知我們過來；沒問題，這個空檔，我想應該趕快回保生堂把那對玉鐲拿來。接著我打電話給舅媽，舅媽跟外婆一起生活在保生堂幾十年，外婆的起居作息都是舅媽負責，舅媽說外婆過世時大家已經整理過一次，其實根本沒有人看過有什麼玉鐲，上次武財公說有這對玉鐲後，她又再認真的翻找一遍，真的沒有這樣的東西。聽完，我又打電話回台北問外婆的女婿、也就是我老爸，因為我們家過去是玉器廠，也許跟老爸有關。老爸聽完也信誓旦旦地說他從來沒看過外婆戴什麼玉鐲，他不知道有這件事。這下我真的有點動搖了，但我不願意就這樣接受，離進塔還有一個多小時，「來！我們馬上開一壇！」就這樣，一來是為了外婆的小小心願，二來我也不相信神

駕所示之事會無法驗證，因此立刻把握最後的時間開壇請示。神駕到了之後，我把眾人在保生堂都遍尋不獲玉鐲的事說了一遍，武財公便開始出筆。一開始看不出來，沒多久，我發現武財公不是在寫字，而是在畫圖，畫了一個櫃子，接著武財公把櫃子的左上部圈了起來。「在櫃子左上方是嗎？」曰：「是」「一樓的櫃子還是二樓呢？」總幹事又問，說是二樓。總幹事趕緊急電回家，請舅媽去二樓櫃子再找一次。這一回，五分鐘不到，便傳來了好消息，真的有一對玉鐲！就在二樓櫃子上方一個不明顯的小夾層抽屜裡！幾十年朝夕相處、幾年間多次翻找都不曾現身的一對神祕玉鐲，靠著扶鸞，幾分鐘就現形了！我把玉鐲的照片傳給我爸，我爸愣住恍然大悟！原來是他當初剛進玉石業時，用南非玉打造的第一對手鐲、還送給了丈母娘，因為富有紀念意義，

外婆掛念的玉鐲

外婆怕碰壞捨不得戴，便收藏起來，以至於幾十年間都封藏於櫃中再沒人見過，時日一久，老爸自己根本也忘了這件事。外婆生活簡約個性樸實，再好再壞，吃的穿的，都只是夠用就好，奢侈品之流，對她而言都是綴飾。想到外婆一生清簡，要入佛門修行時，心心念念的，竟只有一對女婿生前為她打造的紀念玉鐲，我也不禁紅了眼眶。

取好玉鐲，土公仔也處理好遺骨，將之一起置入甕中。仙仔好奇地問我們說：「亡者生前頭部有開過刀嗎？」這個不只舅媽、所有人都異口同聲地回答：「絕對沒有！」「這樣啊！我只是看到頭骨上方有一個洞，好奇問問。奇怪了……。」這下，連身經百戰的仙仔都不明所以了。不過，關於這點，我倒不特別訝異，因為，我也認識這樣一個人，腦門上不只凹陷了一個洞，並且靜坐時還會擴大，那個人，就是中路正鸞蔡師姐。以前就曾聽師姐提過，我原本不信，後來一次她拉著我的手觸摸她的頭頂，我才驚覺真的有一塊組織偏軟的骨頭明顯凹陷！我想起過去曾在報紙上看到密宗某法王也曾因練成類似的特徵，還大肆登了半版廣告恭賀他「開頂成聖」，才知道，這是修行的一種境界。外婆在世時，雖然沒有特別作什麼修行，但她終其一生恬淡寡欲，年輕時照顧家庭，中年後也都奉獻聖事，因此在生時，就常蒙神聖眷顧，許多事情在發生之前，她都能先有所感應，這個頭骨上方的洞，也許就是她接收訊息的入口。

再無懸念，使命必達

隨著外婆的骨灰入塔，此事也就圓滿的辦成了。這是一個轉捩點，也是一個重大指標。內壇從成訓後開始辦事，辦的往往都是別人的事，所以在此事之前，當我看著別人來到濟世案桌前得到神明指引，卻有人呈現猶豫不決甚至懷疑質疑時，往往會傻眼並為之氣結，覺得怎會有人如此愚昧不明，明明汪洋中讓他活命的浮木就在眼前，難不成還得強逼他得救不成？但退一步想，若角色易位，生死關頭要作重大決定時，我是否也會遲疑？我是否能信解受持並毫不猶豫呢？不過，經過這件事之後，我想，從今以後，我都能大聲的說，「我可以！」從那天起到現在，我又經歷了無數次內壇，見證過無數次神蹟，但已經不會再增加我的信心、增益我的堅定了，因為，從那天起，我就不再有任何遲疑；從那天起，我使命必達！也從那天起，我希望如此威靈顯赫的神聖、如此真實不虛的正法，能夠讓更多人知道。因此其後，我便專心致力於內壇的記錄，以便日後能寫出一本我親身見聞、關於天官武財神扶鸞濟世的著作。

本書寫到此章為止，是依照時間序列概略地將武德宮扶鸞的傳統、主神挑選鸞生與訓鸞的經過，以及祂取得主事信任的過程作一個交代。接下來本書的其他章節，就要將時間打散，依照主題來編排，記載中路正鸞開壇濟世的這六年來所遇到的經典個案，希望能夠讓您如臨現場，一起體驗武財公的智慧與慈悲！

先祖篇

伍

八仙塵爆頻救苦，離奇巧合雙姓祖

八仙逢巨變，先祖倚門望

民國一〇四年六月二十八日凌晨一點多，我已呼呼大睡，一則臉書訊息卻正悄悄地傳送進來，那是來自一位素未謀面的臉書好友：家住北港的蔡大姐。原來，蔡大姐的女兒簡同學，於當天幾個小時之前在八仙樂園一場舉國震驚的重大塵爆意外裡受了重傷，全身超過百分之七十的燒燙傷，狀況危急，正在加護病房急救中，她懇請廟方能夠通融，讓她可以親自向武財公請示並求請女兒平安。這則要緊的訊息，我一直到上午八點多起床後才看到，嚇了一大跳。我對這位臉書好友會有印象是因為她在事發大概兩週前，才在臉書上私訊詢問我近期回北港的時間，說因為家裡發生了一件事，想借我半小時的時間找我討論。

我看到這則塵爆重傷的訊息後，連忙先詢問北港，鸞生筆生是否都有在廟區，確認都在後，我便請同事連絡蔡大姊趕來宮裡，趕緊來為她女兒開一壇。到了宮裡，問事者都還未及稟報，聖駕一到，隨即出了「先祖倚門望」五字。旁觀者臉色一沉，蔡大姊則毫無頭緒，直到筆生略顯尷尬地向她解釋說：「意思是，祖先已經在門口等那孩子了……。」內壇有時就是有這種鐵面無私、鐵律森嚴的直言直破，直接說破不囉嗦；不像南路武財公遇到再不樂觀的情境，也會出個「力助」（我盡量協助）的寬慰字眼。聽到這兒，原本焦急的蔡大姊瞬間情緒潰堤，隨即淚流滿面、長跪於地，祈請武財公能夠盡力救助她的女兒，身為母親，即使要她捨去一些壽命換取女兒平安度過，她也任憑神明發落。母愛的力量果然不可小覷，面冷心慈的神駕，筆鋒隨即轉彎了，「敬祖先！」先回去敬祖！問了蔡大姊是平常沒有在祭祖嗎？大姊詫異地回說有。「查血脈，先祖流離！」咦？這廂回說有照起工在敬祖，那廂卻直指先人其實流離失所，還要她去查簡家的血脈源流，怎麼會各說各話？

誠心敬祖，救子孫

武財公再示，這一家人上面計有江、葉二姓先人，未得奉祀，「敬祖先」指的是要趕緊先敬祀這兩姓。稍加確認後，筆生懂了！這是「雙姓公媽」的複雜版，這裡有「三姓」！早期農村社會有招贅的習俗，入贅者自子女以降開始從母姓，寬鬆一點的版本也有僅長子或一子從母姓，其他子女得保留原姓者，即所謂的抽「豬母稅」。總之，因為入贅，身上等於就背著原姓的先人跟招贅方先人兩姓的公媽，此情形便稱為「雙姓公媽」。在這情形下，有些人會將雙姓祖先的牌位並祀，但招贅方則普遍會忌諱，怕不同姓的先人互爭香火，往往都會要求僅能奉祀招贅方先人，此時原姓的祖先若無其他後人，便是斷了香火、流離失所。那三姓又是怎麼回事呢？其實就是換過兩次姓了！也就是幾代間曾經過兩次的入贅，因此換過兩次姓，有兩個姓的先人被拋棄掉、無人為祭了。以簡家來說，武財公指示，他們本為江姓，因招贅而改姓葉，到了上上一輩時又入贅簡氏而改姓簡。蔡大姊一聽雖然大為驚訝，但仍證實她先生確實本是葉姓，因先人入贅才從簡姓。不過再往久遠之前追溯的江姓，她就不知道了。

說來也真巧，事情發生不久之後，有一位教授來考古，對簡家的族譜做了研究，證實他們三代之前本姓葉，而再往前追溯至清中晚期確是姓江。好了，清楚問題是一回事，要緊的還是解決問題。葉大姊的女兒危在旦夕，請示神明卻只交代她先回去敬祖、敬江葉二姓先祖。敬祖不難，問題是緊要關頭，怎麼來得及生出江、葉的先祖牌位呢？不擔心，武財公的法門，從心開始，以心為要，心誠則靈。武財公指示，速擇一日午時備好供品，至家門口誠心呼請斷祀的先祖入宅受供，後人有誠心敬奉的心，流離的先祖才好意思入門。

就這樣，依照神示，簡家行禮如儀敬祖之後，簡同學的傷勢果真有如神助，兩個禮拜後就脱離了險境，也不再需要呼吸器，並且可以出院回家休養了。蔡大姐也從半個月前的愁容滿面、轉變成滿心寬慰而歡喜，她也在女兒平安回來的隔次內壇，特地前來向武財公報告，武財公只淡淡地說「敬誠靈」，也就是恭敬而心誠，自然得神祐。從頭到尾，武財公除了交代要敬祖之外，也只答覆了適合診治的處所與交代要「遵醫囑」。

事情圓滿後，想起蔡大姊在意外發生前的半個月說要私訊跟我請教的那件事，聽完我先是起雞皮疙瘩，後來便是滿滿的感動。原來，在塵爆前的半個月，蔡大姐家裡的公媽爐突然發爐了，在屢屢猜不透也問不出先人想要交代什麼，才想從別的管道去了解。一直到事發後，蔡大姊才恍然大悟，這是先人急著要示警的訊號啊！《大雅》

云：「無念爾祖，聿修厥德。」先祖早已遠離人寰，卻仍掛念著你，你怎能不時時憶念你的先人呢？

簡同學順利出院之後，隔天隨即到宮裡向武財公答謝還願；其後，農曆七月十五武德宮普渡當天，簡爸爸簡媽媽更自備了數百斤白米來廟埕共贊普施，並且於科儀後致贈給弱勢團體修造福德；簡同學後來還發了一篇感謝文，除了感謝醫療人員的辛勞，也不忘感謝武德宮武財公的庇佑。就這麼一段感謝神恩的文字，後來竟還引發了一個偏激的醫療社運團體不滿，在網路上痛批康復者竟回去酬謝鬼神而非歸功醫療團隊的努力，也怒斥許多傳統信仰者常不尊重醫療專業而寧信鬼神，引起軒然大波。在傳統信仰圈甚至醫界裡有信仰者均挺身捍衛信仰下，該社運團體見眾怒難犯才悻悻然住嘴。其實對於自己沒有親身經歷或理解的領域，動輒以無知迷信加諸對方，才是一種傲慢的偽科學、真正的無知。

祖先合祀，平災厄

燒燙傷範圍達百分之七十的簡同學迅速於兩週後出院，但同病房的一位黃同學傷勢雖較輕微、只有百分之五十的範圍，但復原情形卻遠不如簡同學，而且還反覆高燒，病情載浮載沉。黃同學的媽媽看到簡同學兩週後即出院時，著急地忙向簡同學的媽媽蔡大姊打聽，才知道除了醫療外，簡家均歸功於武德宮武財公的神威顯赫。就這樣，在蔡大姊的引介之下，於八仙塵暴事件發生的十六天後，黃同學的媽媽就近前來武德宮台北辦事處特開一壇請示兒子的病況。之前簡同學那壇，我無法親臨現場，都是聽同事轉述，這場則在台北辦事處，由我記錄。

當日甫降駕，武財公就出了「愛信望」三個字，我愣了一下，以為黃家是基督徒。接著神駕降完公籤，黃媽媽才上前稟報兒子的病情，講沒幾句，武財公就出了「黃家奉愛信望心」，眾人正感不解，聖駕又出「愛信望五教同撫」。黃媽媽自己看懂了，直說沒錯沒錯，事發後入院時，先是弟弟的基督徒朋友來探望關心並集體為兒子禱告，後來愈來愈多親友知道，大家都用各自的信仰為黃同學祈福集氣；黃同學的傷勢其實較簡同學輕，意識清醒，人也樂觀堅強，武財公只說「喜形」，也就是患者身體狀況樂觀，沒什麼事不必擔憂！黃媽媽聽完忙焦急補充：「但是財神爺，我兒子常常發燒到四十度以上，醫生也說不出是什麼原因！」武財公的回答是「不熱方憂」，意思是如果不發燒，才需要擔憂；細問確定是免疫系統積極運作，情況無虞，一定會順利出院。聽到這裡，原本講到淚流滿面的黃媽媽，心頭的大石總算落下。

接著，黃媽媽請隨同她前來的一個男孩子上前，原來這位是小兒子，而塵爆受傷的是大兒子。黃媽媽接著向財神爺稟報，說小兒子最近都不明原因突然就高燒起來，不過接著突然又岔開話題，開始碎念起小兒子在學校的情形，武財公沒聽完，便動筆寫出了「腳當退功能，九月起徵病」，說腳會出問題，九月就會出現病兆；這是神駕自出，預先告知了幾個月後的事，而且是大事。但黃媽媽還是絮叨地繼續向武財公告狀說孩子的學校裡有個老師很受詬病，為了不讓孩子被荼毒，她想要安排孩子轉學到哪裡、如何又如何，請示的內容突然變成日常柴米油鹽的嘮叨抱怨，我跟筆生頓時傻眼，不過這番主婦風的談話隨即被武財公一句「體安為先論」喝止住，怒斥她搞不清楚狀況、不知道要先處理身體健康的大事。黃媽媽住嘴後，武財公才又出了「家祖未合」四字，眾人還搞不清楚是怎麼回事時，黃媽媽自己大吃一驚，囁嚅地說出她家裡其實也是跟簡家同樣的情形，有雙姓公媽的問題，自己的公公當初是入贅到婆婆家的，並且在女方要求下，家裡只能單奉女方先祖一姓。此時，武財公的筆一下就敲得很大力，意思是沒錯。聽到這，我整個頭皮都發麻了，是有沒有這麼巧啊？連續兩個塵爆案例都有雙姓公媽、先人斷祀的問題，而以黃家來看，兩個兒子目前身體已都出現狀況，一個是遭逢塵爆燒燙傷、反覆高燒，一個則是無來由的高燒不退，而且武財公說還有後話，不處理的話到九月，腳的症狀便會出來。

武財公當刻裁示要「合」，意思是雙姓的祖先要一起奉祀，那麼「人亦合」，人也會和合團結；求證黃媽媽，黃媽媽也承認，家人間包括夫妻、婆媳、妯娌都不和睦，她跟先生之間更是爭吵激烈。「反正我老公不管講什麼，我都一定會跟他吵上幾句！」武財公仍持續強調，祖先合祀之後，人也會比較和睦，但又再寫道「人亦修」，不是只有無形的影響，人也要修，意思是，妳這信女自己也有該檢討的。臨退駕前，又特地把黃媽媽叫上前：「汝聽命！靜平修身意！口德敗！」意思是：人不和跟你的個性衝動、不修養身心也有關係，你口德敗壞一定要悔改。黃媽媽被訓得頻頻稱是，我在旁其實也都快拍手叫好，黃媽媽實在是……個性鮮明啊！最後，武財公還不忘補上一句：「日日省！」剛剛交代的，每天都要反省自己有沒有做到，然後才願意下課。老武財公就是這樣，當言則言、當罵則罵，內壇被嚴厲教訓過的人，沒有破百也有數十，我相信這些人事後對於老武財公，沒有人會耿耿於懷，只有更加敬愛！

孝順祖先，方得庇蔭

在現代社會裡，設神明聽對許多人來說（尤其在寸土寸金的城市），不只是奢侈，也覺得是成本、是負擔。我在八仙一案的幾年後曾經遇到一例，是一家人來問事，問完了急事又問家運，問到家運時，武財公微慍地說道，「講到這個，你們的先人都來跟我控訴了。」父親與女兒一臉愧色，彷彿知道是什麼事。稍微問了一下，原來是他們前陣子把家裡的祖先牌位送去鄰近的不知道是萬善祠還是靈骨塔裡了。這下換心虛的媽媽憋不住，突然跳腳大聲嚷嚷說：「財神爺祢也知道我們家是公寓，家裡空間都不夠了，哪還有地方擺祖先牌位，而且大家都要士農工商的，也沒辦法常常給祂上香啊，所以不如就……。」媽媽連珠炮的辯解還沒說完，武財公只淡淡地回她，「那你問過祖先了嗎？祖先願意嗎？家裡方寸之地妳都吝於給予，原來也不過是用一個架子、上面一只籃子擺放祖先牌位，連這樣寸土之地也要與先人爭，嫌占空間、嫌設了就得上香，然後再來向神明抱怨先人都沒有保佑？」我在旁邊聽得也火冒三丈、拳頭都硬了，當事人這才不好意思地閉上嘴。

傳統信仰裡都說，「不孝父母，敬神何益？」那父母的父母呢？再往上的先祖呢？

你孝順他們、憶念了他們嗎？「慎終追遠，民德歸厚矣。」都說父母就是你的菩薩，先人又何嘗不是父母的菩薩？遇到事情才不遠千里跑到廟裡求神拜佛、到宮裡添油香認石柱石堵，造作功德是很不錯，但你想過你的祖先可能還無以為祀、流離失所嗎？很多雙姓公媽是因為女方避諱並祀，不得已才導致先人流離失所影響後代，而你呢？你只需要拜自己本姓的先人，你的祖先牌位放哪了？上一次祭祖又是何時？對於先人，我們常常抱持著戒慎恐懼、敬而遠之的態度；然而，先人們在你的緊要關頭，可以拉你一把、也可以置你於不顧，端視你如何對待祂們。

陸

腦溢血昏迷，敬祖二日醒

丙申年（民國一〇五年）農曆正月廿四日，自武德宮分靈之彰化武德祿興堂的林琦茗堂主通報了一件急事：他們的一位核心信徒明哲，在公司上班時突然昏迷倒地，經緊急送醫後，發現是腦血管瘤破裂，隨即送加護病房醫治，但經數日都無法清醒。由於這是風險極高的急症，家屬眼見就醫都無起色，心急如焚四處求援，於是，堂主琦茗便積極居間聯繫祖廟，希望能為明哲的病症開內壇請示老武財公。祿興堂前一年才開創了從彰化徒步走到祖廟進香的壯舉，而這是他們第二年正要起走的前夕。

隔日、正月廿五下午，明哲的兄姊代表家屬，由琦茗與信徒小吳陪同前來祖廟開壇。我先請家屬點香稟報過地址、目前狀況以及在哪家醫院；武財公一到，先降了篇頭籤，詩文出完，武財公寫了個「請」字，我遂請家屬上前。才到案桌旁，家屬正準備要稟報，武財公已經在落筆疾書，出了兩句詩文：「祖座不現陽世人，鼎鐲不表康泰還。」這……，內壇經歷裡，最有挑戰性的，就是這個機智問答的部分了——什麼東西該出現、而陽世人沒讓它出現？祖座！什麼東西不表露出來，病人就能重返康泰？鼎鐲！

嗯，言簡意賅！但，我腦海中一片空白……。我們開始像「柯南」般，抽絲剝繭、慢慢逼近。頭一句的關鍵，一定是「祖」，指祖先嗎？於是我問了：「師尊，這是跟公媽有關？」武財公頓筆説是。「鼎鐲，是什麼？」已讀不回，沒有反應。嗯，我們只好猜：「是神桌上的東西嗎？」又頓筆説是。我跟筆生一邊腦筋急轉彎，也一邊請家屬看文，看看能不能找出蛛絲馬跡。這時，當事人的姐姐突然説話了：「主委，我們家有雙姓公媽的問題，跟這個不知道有沒有關係？」我又問了一下詳細的情形，原來李家本姓劉，幾代前入贅李家後便棄劉姓。我問説原本劉姓的公媽還有奉祀嗎？家屬搖頭。聽到家屬這麼説，我便問武財公，這事情是不是跟雙姓公媽有關？只見鸞筆大力一敲，説中了。這時我再回頭去看那兩句詩文，突然看懂了！

祖座不現陽世人，「祖座」就是祖先牌位、講的是劉姓先祖，因為都沒拜了，自然「不現陽世人」，武財公已經直接點出這個個案癥結。那要怎麼解呢？武財公反覆地寫了個「名」字，意思是要「正名」、要讓劉姓先祖也名正言順，不管是另立神主

牌或是合祀，都無妨。安奉牌位需要時間，怎麼辦？「敬先！」趕緊先誠心呼請奉敬劉氏先祖入門並妥善敬供；第二句「鼎鐲不表康泰還」，反覆推敲之後，發現是神桌上的器物，但家屬有點遲疑，想不出他們的神桌上有什麼是不當的器物。於是我又問：「師尊，鼎是不是指（有腳的）香爐，鐲是不是指相關隨祀的敬物？」說是。我便問：「是否指神明桌上的爐與祭器，用高於先人的格、與之身分不符，導致李姓公媽坐不安穩？」鸞筆也用力一頓。所以這句話的意思是，不合規制的鼎鐲如果收好，便會回復健康。好了，急症背後看不見的兩個影響因素，一個是劉姓先祖香火斷祀，一個是李姓先祖坐不安穩，都找到了。囑咐家屬回去應該遵照聖事處理，家屬連忙點頭，承諾會回去詳查並處理。

發現問題背後的影響因素固然重要，但家屬最要緊的，還是希望趕緊解決問題，讓昏迷不醒的明哲能夠醒過來。在家屬承諾會回去解決先人奉祀的問題後，武財公隨即出了「二日」，神明透過鸞示斬釘截鐵的指示，這可真的是打包票了啊！我跟家屬說出兩日會醒後，家屬雖然驚喜，但也半信半疑，只能留待時間見證了。在家屬前來問事的同時，明哲所屬的武德祿興堂也展開了徒步行腳回祖廟進香的路程，開完這壇的兩天後，祿興堂的隊伍正走到西螺，當要跨過西螺大橋時，就從醫院傳來好消息：

明哲已經清醒了，並且也可以與家人溝通！兩天，不多不少，正好兩日，大部隊聽到這個振奮的消息，全體鼓掌歡呼，久久不停，讚歎老武財公的神威顯赫。當隊伍於隔天抵達北港要入祖廟時，眾人半開玩笑的起鬨要堂主琦茗行大禮，三步一跪、五步一叩地進殿叩答恩光，不料琦茗聽到這兒，沒有任何遲疑，立即行著大禮沿路跪拜入廟！不久，明哲便出院了，當然也回到祖廟來向武財公謝恩還願。

慎終追遠，先人護念

這事情，因為當事人的清醒，看來有個圓滿的結局，雖然我們也不好意思去關心家屬事後是否真有依照神示處理好那兩個影響因素。但截至丙申年的這個時點，老武財公才重新執筆一年半、內壇開始濟世僅一年半的時間，已經是我遇過的第三例雙姓公媽，這樣的頻率，實在不能說是偶發，表示可能有非常多類似情形的人們，在遇到狀況時，並不清楚背後還有這些因素，因此，可能會一直找不到問題的根源而循環不止。

不過，我要強調的是，並非指先人係造成急難病苦的禍首，這麼想就倒因為果了。

要知道，一方面先人與我們禍福與共，後代多造善因，則先亡與現世同霑善果，反之則同蒙惡報。另一方面，先祖也是子孫責無旁貸的守護神，平時若慎終追遠、勤積善果，則災厄來時，先人護念、捨去自己的一些福報，為你攘去一些災厄，大事化小、留得青山在，你過得好，日後回敬祂，祂也會好；但若是你平時無半點福德資糧，先祖的功果家產被你敗得自顧不暇了，拿什麼來救你？

當年，有部動畫叫《可可夜總會》，內容主要是：往生的人，如果他的後代遺忘了他，沒有為他掛上一張照片或為他獻上一束花，那麼最後，這條靈魂就會真正孤單地死去。奉祀先人、敬拜神明，要的還真不是雕工精細、安金華麗的牌位或金身，祂要的，是你的時時憶念、真心誠意！

柒

車禍連凶險，先人案有答

祖先或公媽一直是內壇常出現的課題與答案，這也代表，因為許多人的忽略與淡忘，冥冥之中，衍生出許多問題而不自知。己亥年（民國一〇八年）十二月十九日的最後一次內壇，除了幾個病苦案例外，剩下要請示武財公的都是過年的公事，像是啟燈日期與主法人事等等。不過當日武財公一降駕，隨即出人意表地開出了一段鸞文：

陳生往過岸有痕
田溝水流換凶險
車行必免精神弱
病有水痕流水禍
敬先祖格案有答

因岸水流避險先 連禍連三淨為先

「陳生」，除非正逢姓陳的來問事，否則通常就是指我的表哥陳總幹事了。總之呢，詩文中提到了兩個重點，第一，總幹事過往有段「歷史」，至於是什麼歷史呢？詩文中看不出來，但這段歷史導致他行經田邊或溝墘等，都要特別注意；第二，提醒總幹事行車要非常注意，務必要在精神最好時為之；最重要的是，要回去祭祖，在祖先牌位的案桌上，就會有這些事情的答案。

這又是凶險、又是務必注意行車、又提醒連禍連三的鸞文，乍看之下不免讓人冷汗直流。總幹事之前沒特別跟我說，其實他這幾個月狀況不斷，光是車禍，就已經遇到兩次了！為了避免禍連三，武財公除了先派下淨符外，最重要的就是指示他要去祭祖。

話說總幹事的祖父，其實就是老主事（也就是我外公）的兄長，我要叫伯公。外公這輩以上的陳氏先祖，本是各房兄弟各自奠安供奉。我外公這房，自保生堂開業以來，就一直供奉祖先牌位，直到武財公降旨，特准移奉他的先祖入祀武德宮的開山廳

「霖堂」同享香火、同證果位，以表對這位陳氏子孫創立武德山門厥功至偉的肯定。所以外公以上的先祖，不僅有祀而且有位，七祖昇天。

但外公這一輩的兄弟裡，伯公早逝，其子嗣只剩總幹事的父親，也就是我的舅舅。伯公的牌位一直安放在祖厝，但由於祖厝的產權有太多房持分，加上舅舅本身鮮少出門，更別說離開北港，因此也較少到伯公的牌位前上香。不過，既然此次內壇特別指點了總幹事這陣子狀況不斷是跟伯公的牌位有關，他不論如何都

總幹事水林祖厝毀壞情形

得在年前先跑一趟祖厝，到自己祖父靈前上個香並查看究竟。

沒想到，回到祖厝，不看還好，一看還真是晴天霹靂，差點沒昏倒！原來祖厝早年裝修的屋頂已被掀掉一大塊，都快變成半露天的廢墟了；而神明廳案桌後方、隔間板上的壁紙也已剝落，整片掉下來把案桌上的牌位給淹沒了！看到這情況，大概已經事發數月，若非壁紙把牌位給掩蓋住，牌位也會在半露天的狀況下承受風吹雨打（雖然說被不見天日的埋沒，好像也沒好到哪兒去……），果然是「敬先祖格案有答」，一到案桌前，幾個月以來的大小事故也就有了答案！

總幹事每年都有至祖墳掃墓，但卻多年沒回到供奉牌位的祖厝，沒想到祖厝竟然已頹荒至此。如今看到這幅景象，大吃一驚之餘，慌忙撕掉脫落的壁紙，把牌位給安置好，然後回到北港與我的舅舅、舅媽商量之後，決定趕在年前，將祖先牌位移奉到舅舅在北港的新家。接下來，在不到一週的時間內，即火速完成了買神桌、釘背漆、奉請武財公虎爺安座，以及最重要的，移奉先祖的牌位回家奉祀。總算將此樁內壇公案畫下圓滿的句點，也放下心中大石，了卻一樁心事。

捌

祖宅不得入，災厄接踵來

己亥年（民國一〇八年）農曆八月十九日至九月二十四日，我們在武財公的帶領下展開了為期三十六天、長達九百八十六公里的環島行腳濟世之旅。這是一場從心出發、用腳實踐的修行，不是在迓熱鬧、也並非要走給誰看，沒有虛有其表的華麗陣仗與儀式，沒有GPS提醒信眾到哪追轎；沒有路關，不需要陣頭、祀宴、鼓吹、炮贊、案桌等迎駕，出發時也沒有記者會，只有宮眾一心的團拜。目的很簡單，就是巡迴全台、濟貧病苦。

正因為是以濟重大病苦、緊急病症為目的，武財公自行腳以來，提高了濟世壇前來問事者的審核標準，嚴厲訓斥並轟走了好幾例並非真有病苦、問題也不太緊急的信徒。行腳走到麻豆那晚，停駐在代天府開壇濟世時，可能因為受理報名的窗口嚴格把關的緣故，問事的隊伍裡，幾乎都是長者前來問身苦病痛；但中場，案桌旁出現了一位年輕女孩，雖然一臉愁容，但看她的行止面容，怎麼看都不像是個有病苦的人。「也許是問家裡的長輩吧！」我這麼想著。對於窗口每場的問事放行標準好像寬嚴不一，當下也不禁莞爾。但是女孩一開口，我馬上抬起頭來看了看她，因為她問的不是身體，而是運勢。簡言之，就是她諸事坎坷不順，從事什麼行業都失敗，總以倒閉賠錢收場，負債累累、災厄不斷，感覺上又背又慘，不順到覺得無法用常理來解釋，想來請示神明是否有其他未知因素在背後影響。

我對女孩所說的經歷，雖然深感同情，但有鑑於：一來，以往如果有人來問這類問題，常會被武財公訓斥並請走；二來，武財公已經為這次行腳訂下了更嚴格的開壇標準，因此，當下我的神經也緊綳了起來，有心理準備要挨罵並且隨時可能要送客了。沒想到，武財公旋即出筆寫道：「祖址稟」，我以為是要叫女孩報上祖宅、也就是供有祖先牌位的祖厝地址，後來搞清楚意思，原來是叫她回到供有祖先牌位的家宅去向祖先稟報，因為「祖址踏門土有親」，叫她多回祖宅走走，人不親土親。看來，她這些離奇的運勢不順，並非是個人因素，果真還有背後的無形影響……。

我恍然大悟，懂了！可能就是都沒有回到祖宅敬祖過吧！自認又是一例容易處理的案例，知道癥結在哪，回去心誠意正的祭祀敬祖，應該就會慢慢好轉吧！但女孩聽完，面有難色的說：「但那裡，是我『大媽』她們在住的，她們不讓我們進去……。」我又抬頭了，女孩接著說明。原來，女孩的母親不是正室、沒有名分，因此女孩的父親往生之後，大媽便再也不准她們上門。所以這祖宅，她們從此就不得其門而入，父不得見女、女不得祭父；連自己的父親都拜不到，遑論敬拜祖先公媽了。武財公這時再進一言說：「大孝盡宜」意思是，已經告訴你癥結所在了，純孝者，會盡力去做，碰了釘子再說，至少已盡人事。女孩心裡有譜了，我也告訴她：「萬一不行，你再把這開壇請示結果跟你大媽說，說是神明指示的，請她不看人面看神面。」女孩點了點頭，又不放心地問：「那如果……真的不行呢？」武財公又寫：「呼天可」若真的努力過卻仍不得其門而入，就對空呼請先祖來受供，心誠則可。女孩聽到這，才放心離去。在場聽聞者了解前因後果之後，也都覺得不捨，心裡不免一陣酸楚：「不管上一輩大人們的愛恨情仇如何糾結，下一代的孩子都是無辜的呀。」

凡事先求諸己，正神不要你迷信

講到這邊，為免讀者誤會，往後遇有不順、不如意便動輒疑神疑鬼，覺得是有「看

不見的力量」在阻礙你，反而變成是自己障礙自己、消極又不負責任的人生觀了。事實上，在內壇裡神明曾指示信眾的問題或運勢係跟公媽有關的案例，基本上幾乎都是因為先人已經完全斷祀了，也就是公媽被遺忘、無人祭祀而導致香火斷了，先人方才藉機示警，並不是常例。在內壇見過更多的，反而是心無正念、不求諸己、無所用心的子孫，把所有該歸責於自己努力、能力、判斷力不足所帶來的不順遂或事業失敗，都懷疑是無形的影響或牽拖成是公媽的問題。要是這種情況，武財公給的通常不會是指引，而是當場痛斥一頓！

我前陣子才看到一個例子：一位年邁的母親帶著兩個兒子來問事，老媽媽才剛上前敍述小兒子的精神出了問題、她很苦惱，結果，話還沒說完，武財公馬上出筆斥責這個媽媽太過迷信，因為她不管什麼宮廟都去拜，到處亂拜、到處信，大廟、小廟、陽廟、陰廟都拜，不但沒解決到她的問題，身上還因此卡了一堆亂七八糟的東西；武財公告訴她，她這樣就算拜了萬神，也沒有神敢幫她做主（好了是誰的功勞？沒好又是誰的過錯？），甚至拜到連兒子的精神都受了影響還不自覺。武財公跟她說，正神不會貪妳的財，妳要走正道，擇善固執、不要迷信，要靜下心來、要清心。大兒子在旁邊也立刻點頭如搗蒜，跟著答腔說媽媽被一些小宮壇騙過不少錢，卻還不清醒。後來，因為媽媽一直辯解，武財公甚至寫出「母請」，叫我們先把這位媽媽請離席……。

這個例子讓人感覺有些莞爾，因為社會版面上總能偶見一些不肖宮壇或神棍為非作歹，造成一些頭腦不清楚的信眾受騙上當，導致宮廟無辜被妖魔化、成為被抨擊的對象，傳統信仰也動輒被扣上迷信的大帽子；但武財公卻反過頭來斥責信徒太過迷信，諄諄教誨他們要走正道、信正神，不但一反以往人們對道教、宮廟的刻板印象，也再一次驗證了武財公就事論事、對錯分明的原則，是真正的大神大道啊！

工程篇

武德
廣天大道院

玖

地基沖刷湧泥流，黑虎咬石穩宮基

大醮巨量金紙，竹編元寶裝盛

本書一直提到的甲午年（民國一〇三年）建醮，係因武德宮歷經三十六年的大興土木，宮基才建成；奉聖諭，須在甲午年安龍謝土、舉行慶成大醮。這不但是武財公渡台首醮，北港地區更是已逾一個世紀、沒有在地方上舉辦過醮典了。正因醮典百年難得一遇，自籌備開始就得到十方善信空前的響應；醮科終了，是以普施飽祀無形眾生作收（就是普渡啦），圓滿時並要化金。醮典普施的普桌，最後募破萬桌，你就知道各方參與之熱烈。問題來了，普桌不論是乾料普品或熟料宴席，每一份都還配有對應的金紙；一萬桌普桌累計下來要燒化的金紙，你可知道那份量有多驚人？我幫你算過了，疊起來有四、五層樓高，總重量則高達一百七十噸！如果你是一知半解的衛道

人士或環保團體，大概會對這種你認為既傳統又過時且極不環保的作為歇斯底里、暴跳如雷吧，但，其實你錯了，大錯特錯。

在大醮開始前，我請我那就讀台大化工所博士班的特助揚恆從台北調來了一台空汙檢測車，直接在北港的大馬路旁測試金紙露天燃燒的空汙排放。為什麼要測露天燃燒？因為大醮圓滿後，我們的金紙也要載運到北港溪旁人煙稀少的河川地去焚燒，露天、無遮蓋。測試結果以每兩小時為一個時段，須整整測試二十四小時。測試結束看到報告的那一刻，

場面十分壯觀的醮典普桌

我忍不住捧腹大笑。「是因為全時段都合格沒有超標嗎？」錯，有兩個時段是超出現行排放標準的；你問我怎麼還笑得出來？這兩個時段，一個是上午七點到九點、另一個是傍晚五點到七點，都是尖峰時間啊！是不是很諷刺，在大馬路旁露天焚燒你以為的汙染物整整二十四小時，結果能測到超標的汙染，是尖峰時段車潮所帶來的！這不正好洗刷了燒金的汙名嗎？

　武德宮所用的金紙，都是純正竹漿的台灣金，質量厚重、質地粗曠，這種純天然的東西燃燒時煙少且淡，懸浮物也較所謂的環保金紙少，幾無殘留。這些事實，所謂的環保人士，可有一丁點的認識？你可知道傳統信仰裡焚香燒金放鞭炮的行為，加總起來占國內空汙排放的占比是多少？百分之零點三五！那你知道汽機車或工業的排放各占多少嗎？是百分之三十五與百分之二十五！是金香的一百倍啊！這就代表，國內汽機車或是工業排放只要降低區區的百分之一，就足夠傳統信仰裡不可或缺的金香燒一整年的量，就能完整延續傳統信仰的香火了啊！多麼卑微！傳統信仰與人為善，過去一爐三炷香，現在到處都要求一爐一炷香；過去的一炷香，香徑飽滿、粉末紮實，現在的香炷卻越做越細；小時候每逢初一十五，家家戶戶都在燒金紙，如今卻已寥寥無幾；而且一旦出現此情形，立刻會被檢舉……。幾十年下來，你們可曾算過，與人為善卻毫無話語權的傳統信仰減了多少金香？減到無可再減、退到不能再退，卻還有人好意思用虛假的「環保」二字去剝奪及戕害信仰，嗟呼！

為此，大醮圓滿時的化金，我認為是一個可以趁機宣揚事實、扭轉大眾偏見的好機會。我們的構想，是以一個超大型的竹編元寶作為裝盛金紙的量體，而金紙以約每十噸為一單位、每一單位以一個鋼製的大籠子來裝載，共十幾個單位。這麼做有幾個好處：第一是好載運，畢竟普渡一結束，馬上要在一、兩公里

大醮圓滿時的化金

外的河川地化金，鋼製大籠子可以在普渡完立刻由吊車吊掛裝載上車，一百七十噸的金紙，一會兒工夫就能完成運送。第二則是裝飾性質，傳統醮科除了有科儀上的意義外，周邊其實往往也是民藝的展示；一場醮典，光是一個祀宴，就是各種精巧工藝的展演處所，從果雕、肉山、川頭、擺件，甚至是周邊的布景擺設燈光乃至裝置藝術等，常常也是吸引人潮前來朝聖觀摩的亮點。最後、也是最重要的一點，就是可以藉由大型的竹編裝置，表彰武德宮使用的係竹製金紙，以此讓大家知道，傳統的東西，既天然又對環境友善。

安龍謝土前夕，地基隱隱流動

竹編元寶最後的尺寸計算為：長達二十四米、高達十米、寬十三米，真的是一個超大型的量體，看看廟裡也只有廟區後方可以容納。定案時，離醮典開始只剩一個月，已經非常緊迫，我找來一個之前搭配過的年輕設計師，因為他們事務所裡也有建築師，對於當時已經很緊張的時程，在流程與應變上比較有利。在火燒眉毛的當時，我們也給設計師跟施工單位相當大的彈性，捨去繁複的報價、比價及簽約流程，由設計師直接向管委會報告應進行的工種，管委會同意後施工單位就可以逕行施工，並待完工後再請款。但是，這個事件，就在十萬火急的趕工中趕出問題來了！

竹編元寶本身的工種進行得相當快，但體積實在太大，固定也是個學問。因為沒有牽涉什麼繁複的設計，設計師事務所在這個案子裡的角色其實就是統包與監工。在元寶要就定位時，負責監造的設計師打了通電話過來：「主委，因為這個元寶實在是太大了，而且元寶是上寬下窄，重心比較高，底部……，我們可能

裝盛金紙的大型竹編元寶

要做一些固定喔！」「當然啊！」我這麼回他，他說：「好，那我就下去進行了，看實際施作多少實報實銷。」不是我輕描淡寫，是當天討論關於「做一些固定」的工程，對話就是這麼簡單。但幾天後，便出事情了！

當時我還住台北，我處理宮務的習慣就是：如非必要，盡量電話討論或線上處理，真的需要露面或跑一趟的，我也習慣把事情、約會都集中在同一天，行程塞滿，一次解決。平時有事，大家就群組機動聯絡也就行了。也因此，即使在建醮籌備最如火如荼的期間，我最多也就一週南下兩趟；大部分時間，我是都不在現場的。

就在那通「做一些固定」的通聯後隔幾天傍晚，我突然接到北港打來的電話。「主委，你……你今天方便下來一趟嗎？師姐剛剛非常不舒服，一直要起駕，好像老闆有大事要交代。」副總慌張地打來通知。「老闆」，你知道的，就是端坐在神龕中間的那位。我趕緊先問了問師姐，想了解一下狀況。師姐說，她只是下午上洗手間時、行經廟區後方靠近道院附近，就突然有強大氣場襲來，那是武財公要上身的反應，由於沒有任何準備，她只能先阻抗，請武財公緩點再來降，並趕忙請同仁聯絡主委。「那妳知道是什麼事情嗎？」我直接問師姐。神駕與鸞生之間要傳遞資訊，有時候或是聲音、或是影像、或是直接「認知」，就像現在的4G、5G的手機一樣，神駕發送資訊，鸞生就像手機、就像接收器，倏忽間她腦裡就有了這事情的畫面、影像甚至整個概念了。師姐說：「好像是下午那個施工的工地出問題！」「哪個工地？」我一時還反應不過來，師姐說：「就是好像要放金元寶的工地，今天來打地樁了，好像打了十幾根。」一聽完，剎那間，我的腦子就像被雷給打到。兩個多小時後，我跟設計師都出現在北港了。

我原先想像的「做一些固定」是類似用營釘紮營的畫面，可能用個幾隻幾十公分長的勾釘勾住底部也就得了，畢竟是個會過風的量體，整個元寶都是竹編的孔洞，風阻不大，這樣固定就挺牢靠了吧，沒想到竟然大費周章用了十幾根長達十幾米的鋼樁、每根都深入地底達六米多。在我們這個「行業」、或說領域裡，興工動土是大事情。在財神祖廟動土，並沒有比「太歲頭上動土」要輕鬆，神的領域可都有風水地理在的，廟區若要動土，在何時、何處、要進行什麼樣的施作，都要事前稟報徵得神明同意並核示吉課，再經興工團拜祭祀化金後，才得以為之。若再大一點的工程，例如殿宇的整修重建，就更盛大了，可是要做一場醮典來慎重地安龍謝土的。這個元寶量體的固定工程，超出我想像的規模甚多甚遠，重點是還就在正要安龍謝土的慶成大醮前夕，我……，我真的昏了。

虎咬金柱穩石基

原本事務所統包的角色是以較高價標得工程後，再壓低價格、壓縮成本轉包給下包，中間的差額就是事務所的利潤。但在這個工程裡，因為要搶時效，得以用核銷的方式請領款項，給了事務所誘因，反過來先把工程規模營造成本擴大、把事情搞大、把餅給弄大了，再加碼跟業主請款，以極大化利潤；也就是說，這個固定的工程在業績考量下已經過度施工了。但，金錢還算事小，真正嚴重的在後頭。那天是甲午年農曆的十一月十八日，我趕去開壇時已經晚間九點半了。一降駕，感覺得出神駕怒氣沖天，沒有任何興致先降藏頭詩，一來馬上講重點，寫了句：

虎咬金柱穩石基

接著示意我們可以提問。我便上前問道，「是否今日這個工程有問題，因此師尊特來降示？」

聖駕隨即頓筆曰「是」，並出了：

滾滾泥流向底基
空樑無圍暖化泥
三尺之距陷危機

這幾句形容得很有畫面，彷彿已經看到地底下的地層狀況，水及砂石層和成泥流在滾滾流動著，並開始侵蝕地基。才看到這，一股恐懼感馬上襲來，我猛然想起了一件往事。

民國八〇年代末期，武德宮開始準備在當時廟區後方興建大道院。也許是負責建造的營造廠疏忽，也許是當時的時空對地質監控的敏銳度不高，總之，大道院的基地、地底下的地質狀況其實是鬆軟而敏感的，因此當整個道院才剛完成基座時，目測就已經可以發現整個基盤略有所傾斜。當時道院工程因此一度喊停，並開始進行高壓灌注的灌漿工程，除了將基座的水平扶正，還強化了地盤，才得以繼續進行工程。也由此可以窺知，在廟區後方大道院附近，有一塊地質相當不穩定的地盤。那是老主事晚年的舊事，當時他已健康不佳臥病在床，否則以他「頂真」的做事態度，在他手上工程要出紕漏，是不可能的事情。現今宮裡的幹部，當時只有總幹事在，他那時也才進武德宮沒多久；而我會知道，其實是上任後一次聊到老主事時期的舊人、提及道院營造廠商時，總幹事憶起此事才跟我說的。道院建築基地廣大、占地數百坪，其下方已經過地質改良，地盤穩固了；而此次元寶的工地就離道院十來米，應該是同一塊地盤、同樣的情形，只因這裡早年是在廟區外，所以當年的地質改善也就未及於此地。

好了，前情提要結束，拉回現場。總之，武財公的意思是，這個大規模侵入性的工程造成了地層有沉陷的危機，並且再差三

老武財公的座騎，黑虎將軍

尺就會爆發事情。「那現在怎麼補救呢？」武財公聽罷開始在案桌上作圖，看得出是一個元寶、也就是工地位址，在元寶底部北端，武財公點了一下，指出一個位置後，寫了「拱地陷」，亦即把開始沉陷的地基拱起來，用現代的話來講，就是要高壓灌注拉回地盤的意思。接著又出「擴及五方米」，以剛剛指定的位置為中心，在往東西南北各一米的區域內進行灌注，並開示門生要盡快進行。退駕前，聖駕再出：

虎抱槃石穩基嘯
赫威猛踞蹲石流
弟子必嚮悟已實
眾生之命非當戲

意思是「虎爺公已出動抱住基石先穩住地盤，威猛地雄踞鎮壓土石流，弟子們一定要確實領悟，千萬不要把眾生的安全當作兒戲。」簡短的話語，已講到我跟設計師兩人面紅耳赤，既尷尬又惶恐。我因為建醮籌備事情太多，急於收尾又便宜行事，在這件事的聯繫上太過草率，沒在現場監督，不料會有這種插曲，幸好在釀災之前神駕先行提醒。退駕後，鸞生說要去現場一下，她在元寶靠北端踩了一下，接著又踩踏了四個點，口中念念有詞。我們看了看，應該就是鸞文裡提示的位置無誤。我們之後很快進行了高壓灌注的工程，不只針對武財公指示的區域，而是盡可能的大面積做補強，後續才有創下紀錄的元寶形建物與大醮普施的圓滿落幕。然而，這也是此科世稱圓滿隆重之百年大醮籌備中的一個缺失與警惕。

一年多後，要在元寶工地位址往東南一、二十米的區域，興建一處景觀廁所，但是，類似的情境又出現了。因為進行地質鑽探、往下開挖才一米多，就挖到水層湧出水來，因此景觀廁所最後用上筏式基礎來因應占地比想像廣的液化地，之後興造時也抽了好幾天水才能繼續工程。甲午年，是道院開始興造起算十幾年後的事，也是興建景觀廁所進行地質鑽探前一年的事了，除非鸞生有天眼通能透視地盤下方地下水層的流動，或是有預見未來一年後鑽探結果的能力，否則，你不會懷疑這個鸞示出自神諭。至少，設計師當場震懾，面色鐵青。設計師事後還告訴我，他對於「滾滾泥流向底基」一直有個感覺，於是後來去查國土規劃地理資訊系統，發現施工區域果然是當年北港溪舊河道流經處，認為這解釋了那附近的土壤、地質情形與當時武財公的示警。

風險與危機的產生，有時候常起於漸微、始於小處，不易察覺、難以觀測，一旦成形，卻又一發不可收拾。生命中有無形神師的引領，最大的好處就在於，在危厄發生前祂總能洞燭機先，以隻字片語便化去風險，讓你趨吉避凶。

拾 地龍反噬無留手

挖地龍傷身

甲午年建醮的時候，因為大典繁雜的籌備與聯繫事務，除了建醮委員會聘了許多位「執事」外，主委也多了幾位「特助」。他們都是祖廟或分靈宮的資深信徒與幹部，為了奔走醮務而臨時組織起來、並由宮裡授予榮銜以便利他們行走及行事。建忠，便是其中一位特助。建醮過後，這個臨時組織的成員即各奔西東，又回到各自的工作崗位上；建忠當時也在北部找了個新工作，所以就好一陣子沒連絡上了。

隔年，歲次乙未年（民國一〇四年）的農曆七月，一晚，我才準備就寢，手機便傳來了訊息，是建忠。他問我：「主委，不知道最近什麼時候會開內壇呢？」我很詫異，跟他說也太巧，明天一早正好要開一壇，忙問他怎麼了。建忠說他的親大哥罹患了膽管癌，

而且腫瘤已經太大完全堵住膽管，膽汁無法正常輸送排放，連臉都呈青綠色，也無法進食了，目前在中國醫藥學院救治；醫生說腫瘤到這個尺寸，他們已經無法開刀，除非以化療等其他方式讓腫瘤有機會縮小後，屆時再評估動刀。聽起來就是打算……嗯，就是那樣。跟建忠認識這麼久，才第一次聽到他提起自己的大哥，但沒想到就已經這麼嚴重。

翌日，農曆七月廿三日，上午在大道院開壇，因為建忠是前一天半夜臨時安插進來的，因此他也與原本要問事的信徒，一齊站在封鎖線外等候通知。聖駕一到，馬上出了幾個字：「挖地龍傷身」，還在發愣時，聖駕又出了，「亡，即報！」天啊，白話就是「有人開挖土地擾動地基時去傷到了，會死，果報很快會應驗！」天啊！這太驚悚了！「請問師尊，這是給在場問事的人嗎？」曰「是」。我看了看問事者裡，建忠的情節最嚴重，我又低聲地問：「請問是給張弟子建忠嗎？」又說「是」！我慌忙跑到封鎖線邊上，我問建忠說：「建忠，你哥是做什麼的？」「做營造的啊，怎麼了主委？」建忠緊張地探詢。營造？挖地龍？Bingo！

「來來來，建忠你快進來！」這下換我緊張了，把他拉到師尊案前。建忠看到這幾個字也臉色大變，肯定跟張大哥的營造工作有關。「請示師尊，是不是兄長處理的某個工地或建案出了問題？」武財公說是。「那，不知道是哪個案子呢？懇請師尊聖示。」建忠焦急地探詢。師尊寫了個字，是介紹的「介」，筆劃太簡單，在場的人都念了出來，但師尊又寫了一次「介」，大家開始面面相覷，於是，武財公又寫了第三次——懂了！這不是字，是個圖形，先記下再說！雖然到底是哪個建案，只給個圖形讓我們猜不著有點卡關，但說實在的，不管是哪個建案，不管有沒有猜出來，當事人現在九死一生，先把命保住了才是重點！

「一水、二砂、三吾」

「能否懇請師尊聖示救脱之法？」武財公出了：「即飲水，龍身傷」意謂「趕快取敬水回去喝，因為挖地龍造成了身傷！」接著又出了：「一水、二砂、三吾」就六個字，這件事情在這個階段，竟然就靠這六個字輕鬆解決了！「一水」，首先去取敬水給病人服用；「二砂」，即硃砂，鸞生辦事，最常用到的就是符與砂，通常是神明退駕後，鸞生持硃砂筆施於患者身上。無形上運作的機轉，我自然是看不到的，能觀測的，是結果。那何時「二砂」呢？武財公指示「八月淨撫體」「鸞隨身」，要鸞生待農曆七月過後再帶硃砂與筆、前往醫院病房為病人處理。「三吾」是什麼意思呢？就是如果一、

二都不見效的話，老武財公要親自出馬了。接著，怕病人若稍稍恢復又想回營造工作的崗位上，武財公又叮嚀了一句：「龍身傷勿再造」最後，建忠再問是否有其他指示時，武財公指示要病人轉院，表示他的貴緣並不在此，經詢問，以台中榮總為宜。

建忠回去後，當晚就有好消息傳來。建忠說，取敬水回去給大哥飲用後，原本都無法進食的他，竟然有食慾可以正常飲食，並且原本已經青綠的臉色逐漸恢復正常了。好不容易捱到了七月過去、農曆八月初一時，鸞生該使出「二砂」了。當天建忠為表誠意，特地開車到北港接師姐前往台中中國醫藥學院，因為我人就在台中，便與他們約了個時間直接在中國醫藥學院會合。還沒到醫院時，建忠打來了：「主委，你現在到哪了？」口氣相當慌張，「怎麼了？」我問道，「師姐一下交流道，就突然要起駕，目露凶光、身體一直往前要衝刺，但因為在車廂裡，她衝不出去，就一直撞來撞去扯來扯去，力道大到車上的把手都快被扯斷了。」在我不好意思地說出我跑錯地方、跑到了中山醫學院時，建忠簡直快崩潰了，「好啦，我很快就到！」其實也不能怪我，那時才剛搬到台中不久，還不太熟悉……。

等我趕到中國醫藥學院時，師姐一副大戰過後、筋疲力盡的樣子，建忠攙扶著她，我急忙詢問剛剛發生了什麼事。師姐說，一下交流道，她就「看到」病房內的情境了，她看到一整群的無形界朋友們，操著傢俬，邊往病人的臟腑捅去，一邊跟師姐挑釁叫陣表示：「他當初怎麼搞我們，我們就怎麼搞他！」師姐的「看到」，自然不是用「肉眼」看到，因為還隔著十來分鐘的車程，可是雙方靈與靈之間，已經互相對上眼了，師姐這時候挾著一股氣就要撲上去，但因為肉身其實還在剛下交流道的車上而已，變成「靈」怒氣洶洶、蓄勢待發要衝了，所以肉身往前撞到車室而又拉回，造成師姐一直在車內往復碰撞！

師姐這下清楚來龍去脈了。她說，地龍不是地底下有龍，而是地氣。無形朋友既不吃飯也不喝水，就仰賴那點地氣供予祂們能量、讓祂們安身立命，但營造商一來既沒有祭拜稟報告知原來棲息於該處的好兄弟們要做這件事、二來更別說好好將人家請走另處安奉，而是挖土機直接來就開挖，造成地氣逸散、無形朋友流離失所，一股怨氣無處發洩，便找上工地主事者洩憤報復，在日積月累下，這個肉體終於垮了！師姐帶著硃砂筆到病房，那是我第一次見到建忠的大哥，我才跟對方點了點頭，師姐就逕自走到病人身旁，接著對著我、建忠與家屬說了聲：「閃開，越遠越好！」聽到後，我們幾個拔腿就沒命地跑，跑開後師姐拿出硃砂筆並迅速拉起了病床的帷幕準備處理了。幾乎是過了整整一分鐘後，帷幕才拉開，我們不會忘記拉開後的那個景象：病人

容光煥發，師姐慈祥和藹，兩個人都微笑著法喜充滿，映襯著陽光和煦的背景，跟剛剛的氛圍，反差實在太過巨大。

神明出手後的柳暗花明

當天回去後的下午，建忠又打來，略顯激動地請我在下一次有開內壇時請示武財公，上次祂指示的事發工地、那個「介」，是不是就是台中市的X興街一百一十一號。碰巧隔天八月初二就又開了一壇，我請示武財公這個地址是否就是事發地點，神駕聽到地址後，用力地敲著桌面，我知道講對了！退駕後我便回覆建忠，問他那到底是什麼地方，建忠便問我：「主委，你有聽過有一家夜店叫『阿拉』嗎？」建忠一講，我當即就有印象，我嚅囁地問說：「是燒死過很多人的那家夜店嗎？」那家夜店因舞者表演火舞不小心燒到泡棉而引發大火，死傷慘重，全國矚目。建忠說是，並提到當年慘案發生後，數年間那塊地都閒置荒廢，一直到後來北部某個小有名氣的燒烤店下來展店，相中那塊地後才出現轉機。

由於許多業者不敢碰觸那個場地，後來才由建忠的大哥接手該案。張大哥是典型的鐵齒性格，不信、更不罣礙這些事情，因此處理此案時，也沒有什麼儀式或敬拜，直接大刀闊斧的開挖下去，而這一挖，也挖出了問題。施工後才約一年，張大哥就已經被膽管癌的腫瘤完全堵塞膽管，命懸一線了！聽到這兒，我禁不住好奇心、馬上掏出手機上網並輸入目前餐廳名稱，當搜尋結果一出來，我立刻起雞皮疙瘩，我看到「介」了！原來那是餐廳日式門廊正立面的形狀，就像一個介字啊！建忠問事的當天，都還沒上前稟報，聖駕早就對來龍去脈一清二楚了。

八月初二這壇，我還問武財公說，鸞生去醫院那天回來，有囑咐建忠準備供品代替哥哥去事發地跟這些朋友們致歉致意，是否要這樣做？武財公曰「是」，接著也提示了要準備雞、酒與財帛去，財帛的數量是兩百捆起跳的四方金。這些指示，我也在退駕後如實跟建忠轉達。我擔心地問說：「這金紙的量這麼多，現在那個地點人家都已經開店了，還有辦法過去祭拜嗎？」建忠說他跟業主其實有點淵源，他晚點直接打給老闆溝通一下。沒多久建忠打來，告訴我另一件讓我驚呼出來的事：原來他撥打了老闆的手機，響了許久都沒人接，好不容易接通，接的人竟是老闆娘，這下慘了，毫無交情素不相識，但既然都打了，他只好硬著頭皮跟完全不認識的老闆娘把來龍去脈講了一遍，老闆娘聽完後，竟然只淡定地回他一句：「如果是武財公交代的，那就照辦，我們都可以配合。」建忠當場驚呆，不知道怎麼反應，老闆娘才自己說了：「我是北港人，娘家就在武德宮旁。」天！

就在建忠親赴現場祭拜處理後的隔天下午，他傳訊來跟我說，他哥哥之前飆高不下的指數，隔天就開始往下掉了！兩個禮拜之後，因為狀況好轉，腫瘤也縮小到可以安排後續處理的程度，哥哥竟然可以出院回家休養了！建忠有感武財公神威顯赫，從本來的絕望無助、到神明插手後即出現反轉，要求大哥再鐵齒也一定要跟他一起回武德宮答謝神明。不過，沒有建忠預期的反對抗拒，大哥爽快的安排時間跟他回祖廟，向武財公參拜謝恩。

狀況觸底反彈的症狀稍稍緩解後，腫瘤還是在，危機並未解除，接著就是要安排後續療程以及之後的手術，建忠便提醒大哥，武財公有指示後續要換一家醫院治療。照理說，在本已九死一生絕望無助、突然幸得神助出現轉機時，再怎麼鐵齒的人應該都會自此服膺神示、以求神恩不竭常得神助，不料，張大哥的個性還真是過人的執拗，他向建忠表示，兩家醫院都是醫學中心級，他不相信會有什麼差別；其次，他在原醫院看得好好的，長期就診病歷完整，若轉院，許多檢查程序搞不好又要重跑一遍，頗令人痛苦。建忠跟過一段時間的內壇，深知神明的指示都有深意，因此還是不厭其煩地勸說兄長，希望他能回心轉意，但一次、兩次被拒後，他知道再講下去不會有結果，也只能黯然接受。

成之在神，敗之在人

小時候大家都聽過徙木立信的故事，只消你做一件小事把木頭搬走便能得十金，背後的意義是要「建立信任」。在信仰裡，我們常常聽到看到類似的引導。《金剛經》裡說，光是受持四句偈、或為他人說，功德就勝過以三千大千世界七寶來布施；《地藏經》也說，「未來世中，若有善男子善女人，聞是地藏菩薩摩訶薩名者，或合掌者、讚歎者、作禮者、戀慕者，是人超越三十劫罪。」光是聽到菩薩的聖號、甚至只是合掌讚歎，就可以滅去久遠的罪孽！而《藥師經》裡，阿難更因聽到光是念「藥師琉璃光如來」名號所能獲得的功德就多到離譜，怕眾生不信反生毀謗，故請世尊開示原由。這一些，都是作了看似微不足道的小事便能獲大利，在信仰裡，是要鼓勵你讓你建立正信，這就是心誠則靈，諸佛菩薩豈會貪求你要以什麼物質作為回報？要的，不就是你的「心」嗎？我能以大神通把你從這麼凶險的境地裡拉回來，要求你的，不過是一

件舉手之勞的小事，若你都不願意為之，若還希冀我為你作出逆轉鐵律法則的大事、生死關頭的大事，我又豈能再為之？

戲劇性的轉折向上，接著便又戲劇性的轉折向下。建忠的哥哥不顧勸阻，又再住入原醫院繼續接受療程與開刀，後來可能是手術失利，幾個月後，我們便去參加張大哥的告別式了……。在他臨終前，建忠沮喪的告訴我們兄長時日無多時，我便想起了當初一開壇時那句直破的話：「挖地龍傷身，亡，即報！」

在許多功敗垂成的事蹟裡，神威依舊顯赫，但人心卻脆弱不堪，「成之在神，敗之在人」。而人，會作下許多錯誤的決策，背後，也許是看不見的因素障惑著。建忠在兄長拒絕依照神明指示進行治療後，就覺得大勢已去，非常悲觀，一直跟我說：「沒有人能躲過業力的。」業的障礙之大，大到「能敵須彌、能深巨海」，可以遮天蔽日，可以讓你在汪洋的海中載浮載沉時，即便浮木在你身後，即便轉頭一看就能得救，你卻也無緣回頭一顧，就此沉淪。在短暫的人生中，及早生起正念，及早精勤，多種善因，多消惡業吧！

冤債因果篇

拾壹 拔劍持符破譫妄

小症術後引譫妄

民國一〇六年的十一月，我帶著一家人去新加坡旅遊，我還記得住的是 Fullerton Hotel。去的第一晚，回到飯店滑手機，便瞥見家人群組裡傳來老爸正在台北中山區某醫院急診室的消息，嚇了一跳，趕忙打電話給老爸了解一下情形。老爸其實也搞不太清楚是哪裡出問題，只說已經吐了一天一夜，吃什麼、吐什麼，十分痛苦。經初步檢查，判斷是「腸道沾黏」，有兩個方式處理，一種是先服藥，若未見效，則需開刀處理。回到台灣，我便直奔醫院去看望我老爸，那時，老爸已經住進病房了。可能因為幾乎快沒法進食，吃了又都吐出來，才幾天的時間，老爸已經掉了起碼七、八公斤，人瘦了一圈，看起來也有點虛弱。稍微聊一下，老爸自己就把事發經過超詳細的講了一遍，從他事發當天中午幾點左右吃了什麼東西、人覺得不太舒服，到了幾點起開始都食慾不振、幾點開始吐了第一次、幾點之後又吐等等，鉅細靡遺。後來遇到醫生，醫生表示，吃了幾天的藥，父親的症狀並無明顯改善，建議還是動個小手術處理一下。因為聽起來也不是什麼大刀，大家也都沒什麼意見，便下去安排了。但，手術後，才開始浮現問題。

老爸開完刀後，我又從台中趕上來探望老爸，病房裡，跟老爸同住的二妹也在場，我也是先制式的問老爸還好嗎，接著走到病床邊，我手一伸出去，老爸也很自然地緊緊握住我的手，我們兩個就這樣手牽著手聊了快半小時。出來後，一直憋笑的二妹終於忍俊不住地笑了出來，忙問我：「怎麼樣、怎麼樣，你有沒有覺得哪裡怪怪的？」「啊？」「爸剛剛講話的時候全程緊握著你的手啊！」嗯，這的確是比較反常，從小到大，大家跟老爸總是有相當的距離，傳統的家庭、傳統的教養方式，比較少這親近的舉動，但這也沒什麼吧！老爸都這把年紀了，人剛開完刀又虛弱，兒子跑來看望，高興嘛！但，我一回想之後，隨即注意到另一個不太對勁的地方。老爸剛剛花了非常多的時間又講了一次他事發的經過，鉅細靡遺。我才想到，在兩、三天前，他不是才剛完完整整的跟我講了一遍嗎？二妹發現我有注意到後，她接下去講的東西，讓我的表情也開始陰沉。二妹說，老爸有點分不清楚時間，不知道現在是白天還晚上，有時在半夜拿起手機就開始亂打，她就曾經半夜接過電話，而且我們一位資深的志工大姐也有接過。

好巧不巧，我妹抱怨完我爸開完刀頭腦不清楚半夜亂打給志工後，我要離開時就正好遇到這位大姐前來探望父親。我們客套寒暄聊了一下，我還是跟大姐致謝，感謝她撥空來看我老爸。大姐趁四下無人時把我拉到一旁跟我說：「主委，你爸開完刀之後好像……怪怪的捏，搞不太清楚時間，半夜突然打來跟我聊天、問我現在在幹嘛，能不能來醫院看他……。」我聽到這兒，表情就更凝重了，這……真的有點怪。我心想，會不會是開完刀太虛弱了、神智不清？過幾天再看看。

一發不可收拾

果然，過幾天後，問題更大了。先是我小妹。我小妹離開外資券商的工作改當全職家庭主婦已經好幾年，小妹去看父親時，父親抬頭看到她，便慈祥地問說：「下班啦？」一把小妹問得心驚膽跳的，忙跟父親說她不工作已經好幾年囉，並與我交換銳利的眼神。接著在病房裡，老爸開始對著空中抓東西，抓完還會放到嘴裡，我們看得驚悚，忙問他在幹嘛，他一派輕鬆的說：「在拿炒米粉啊！」而這，竟還不算嚴重的階段，因為他都還分得清楚「人」，只是「時」與「事」已有點錯亂。隔天，我的表兄、武德宮陳總幹事接到我爸的來電，老爸很熱情的說：「你總幹事喔？過來大家認識一下啊，我現在人在倉庫。」也把總幹事嚇得一愣一愣，這是要叫他姑丈、是他從小看到大的外甥，怎麼會需要過來認識一下？更何況大家都知道他人明明在醫院！現在人事時地已經完全錯亂了！接著更嚴重，我的妹夫、他的女婿來探病，老爸只覺得這個人「有點面熟」，但認真問他那是誰，他尷尬的笑了，也把我妹夫嚇得半死！此時症狀已經非常嚴重。還有一個詭異之處也難以解釋，老爸開刀之前，已經因為連吐好幾天又無法進食，非常虛弱，開完刀後理應更加疲憊，但從他手術完回到病房後，已經連續數日完全沒有闔眼、完全睡不著，而且常處於緊張或躁動的狀態，你無法了解他在緊張什麼，因為他的神情、他的對焦，似乎不是專注在這個空間，甚至講白了說，你會覺得這個人根本不在這個時空裡，他，已經被抽離了！

老爸幾個階段的惡化，醫院給我們的解釋也分階段演進。一開始，醫院告訴我們，剛開完刀、受到麻醉藥物的影響，有時思考反應等等都會比較遲鈍或不清楚，這是正常的，過段時間自然就好了。等到時間過去、狀況反而明顯惡化時，顯見已不是麻藥

影響，院方便解釋這是許多年來長者手術後常見的「譫妄症」，通常是因為電解質的不平衡等原因所造成。我後來發現，所謂的「譫妄」，只是一種沒法解釋的解釋，把術後這種找不到病因的症狀歸納出一個名詞，以便說明。但說了，也等於沒說。到這個階段，連腦科、神經科的醫師都進來會診，仍止不住這個惡夢。

不迷信，用信仰破譫妄

我深深的覺得，背後的原因恐不單純，再繼續完全仰賴現代醫學而全然不接受其他的可能性與做法，才是一種「迷信」。走，開內壇！就這樣，在農曆十月初三日下午開了一壇。那天，武財公降駕時先出了四句鸞文：

統諭將軍領旗帥
北行持令黃符劍
龍龕內座空一席
車道留光照安康
辭

這四句鸞文很有畫面，就是將軍領了帥旗，某人拿了黃符跟劍奉令北上，領軍的人還有做出辭行的動作。我上前再詳細跟武財公稟報父親的情形，武財公聽完再出：

統帥大將持令候
鐵面無疑師尊護
打入牢天債冠除
雄光明照三日持
龍龕空席待圓滿
示　俊雄

「俊雄」正是我爸的名字，這首詩是要給他的。「打入牢天」像是有人被押入天牢之中，他的債就可以慢慢償還；於是我問：「這就是我爸爸喪失心神意識的原因嗎？」武財公曰「是」。以此看來，父親的神識已經被押走，需有人持黃符、劍去將他帶出來，這個人，自然就是鸞生蔡師姐了。退駕之後，我忙向蔡師姐說明了事情始

末，並詢問師姐，若是要帶上黃符跟劍，「劍」是指我們大殿的那把劍嗎？她說不是，是她身上的劍、無形的劍。師姐隔天隨即自行北上了。第一次處理，並未圓滿，師姐一離開醫院，妹妹們說看不出有什麼改變，但師姐跟我說了另一個劇本。

師姐說，她當天一進病房，發現裡面有「一大群滿滿的」（指的當然是無形的眾生），而且當中有很多還是「請有旨令的」，也就是合法來索討的冤親債主。師姐說這種合法的便不能以武力驅之，她要回來再請不同的旨令來處理。回宮後，師姐直奔廣天大道院，再向玉皇請了旨令，隔天又再跑了一趟醫院。請了新的令，這下合法的不合法的都能處理了。不合法的直接驅離、合法的就援引旨令帶離，病房內環伺父親四周的無形朋友頓時暫時清空，師姐便把握時間迅速在病房四周做了一個結界。結界做完，已經五、六天沒有入眠的老爸，竟很快就沉沉睡去，可能是肉體已經（被）硬撐好幾天，干擾退去後竟然足足睡了二十四小時才醒，而且醒來看到二妹的第一件事竟然是驚呼：「今天幾號了？妳地價稅去繳了沒？」二妹還愣了一下，才高興地回說繳了！老爸回來了！這是住院前他一直盯著要妹妹處理的事，親眼在場見證這前後離奇的差異，妹妹們也不得不信服了。

無形影響以無形管道解

但，狀況還沒完，好景果真不常。兩天後，妹妹們又在群組上反應老爸的狀況好像故態復萌了。我嚇了一跳，趕緊回報給師姐，師姐也是一頭霧水，先請我問問這幾天有無更動過什麼，結果待我一問完差點沒吐血！原來父親之前住的是雙人房，小妹一方面是孝順，覺得雙人房太侷促；另一方面也是覺得隔壁床的家屬老是鬧哄哄的很吵，會妨礙父親休息，因此便跟院方訂了單人房，要求一有空房便立刻更換。「靠邀，原來的病房有結界啊！」從一換房開始，真的不誇張，老爸又開始神智不清，又完全睡不著，沒日沒夜的躁動。

正當我想要再開一次內壇請求武財公再一次做主處理之際，突然從佳里來了一位黃師姐說要找我。師姐說她收到武財公的指示，要處理目前在我父親身邊十三位與他有「宿世因果」者，其實就是宿怨。因為新來的這十三位，也是合法的索討者，並且位階太高，幾乎每一位都是足堪任宮廟主神的靈，加上一次來了十三位，並非一般神聖、一般宮壇能夠處理調停的。父親「譫妄」這事，那時候我也沒告訴過外人，更不用說好了又復發的資訊與背後的成因，這種透過無形的系統通聯甚至交辦事情，其實也是我們的日常。果真在開內壇時，武財公也證實確有其事，而找黃師姐是因為她奉地藏王菩薩為主神，武財公指示我要在地藏王菩薩座前擺設宴席，席設十三座並前去親自敬拜，也就是要仗佛力慈悲，在佛前藉佛面代父親與這十三位神明等級的債主調停和解。後來，便在地藏王菩薩及武財公出面之下，這十三位長老也願意慈悲寬赦，此時，師姐才能夠再次北上前往醫院，並再次在病房四周結界；而這次的處理，果真也讓換完病房後再度躁動三日都無法入眠的父親，又再昏睡整整一天，醒來後即恢復正常，一直到健康出院為止。

這個我親身體驗的案例可以讓你清楚明白幾件事：首先，就是這個世界絕非唯物，人不只是一堆有機物質的組合，你的神識、精神、個性特質等，也並非由化學反應來決定，其背後都有一個非物質世界的運作法則。在這個例子裡，冤親債主的存在從處理前後發生的變化可以窺知一二；再來，就是要破除偽科學的迷思，這種無形影響的因素，就要循無形的管道、針對其成因去就源處理，那才是正知見。我們一位從事護理工作的北港在地志工師姐也跟我們分享說，遇到長輩這種術後譫妄的情形，她常常直接就勸家屬如果可以的話，去收驚、祭改，可能都比就醫或等待自然恢復，要直接了當並快得多！朋友們，你的心得呢？

拾貳

呼昭金龍護法盤

己亥（民國一〇八年）年五月初九日那天的內壇，快終了時，筆生達哥喚了一個年輕父親上前，才剛到案桌旁，聖駕隨即自出了：「割相隨」，接著又出了「刀刀不斷」，這！一上來就這麼驚愕！我小聲問了一下達哥：「這位是要問……？」達哥說是問他小朋友的身體（住院，腦部腫瘤，五歲）。才五歲？又「刀刀不斷」？我問年輕爸爸說這還不是第一次？爸爸點點頭說之前已經開過一次刀，明天還要再開腦抽取什麼之類的。聽到這麼小的年紀，卻要承受這樣大的手術，家裡也有孩子的我心裡真的很難平靜，臉上也難若無其事。我跟達哥便主動開口幫腔問說：「師尊，可否指引這位弟子，讓那孩子手術與後續治療能夠順遂？」神聽畢，便出了一句「呼昭金龍護法盤」。由於武財公在鸞文裡常自稱金龍，原以為是指明日手術時要記得呼請武財公前來護祐，結果不是！

繼續追問要如何呼昭金龍呢？神曰「米龍」，係指道教科儀裡常見的米龍；那麼要什麼尺寸呢？「意誠可」，看來尺寸不拘；接著又指示安燭十六支，「十六冬內有二劫」，這也就是安十六燭的用意；再問是哪二劫呢？「行走非穩車關隨」，走路會不穩，也還有車關交通等危險。年輕父親補充，因為女兒的腦部腫瘤壓迫到神經，四肢已開始會行動不穩，因此需要動刀取出腫瘤。師尊又出「刀刀不斷」，也就是明天這刀過後，還有後續……。看到這，我們又再幫腔問道有無方法可以化解。「經典」！尤其是《藥師經》。真的，無他！我跟爸爸講：「這是真的，相信我！」雖然我很想再補一句好像很富禪機的話：「每個人這輩子所能見證到最厲害的神通，都會是來自於他自己。」後來想想算了，反正，就是乖乖念經的意思，自己欠的自己認真做來還，最有效果，這是真實世界的硬道理。現在孩子還小，父母擔待點，幫著念幾年吧！

由於後面還有信眾要問事，達哥就先請不知道怎麼去張羅米龍、蠟燭等東西的年輕爸爸到櫃檯找我們同仁幫忙，便繼續濟世了。退駕後因為我有客人，我也逕自與幹部去接待客人。回程經過道院，發現我們宮櫃檯兩位年輕同事圍著一張鋪著紅布的桌子，聚精會神的在忙碌著。我湊上前看嚇了一跳，一隻米龍躍然於案桌，只差龍頭跟點上眼珠。問他們過去曾經做過嗎？孩子們搖頭說沒有，但任務來了就要使命必達。

孩子們下班後仍然繼續忙著，直到接近半夜才完工，畢竟是救人的要緊事。看著完工後的米龍那不失美感的線條，真心覺得我們家的孩子也真多才多藝！孩子們還要家屬放心，「把身體交給醫生，把自己跟心交給武財公與菩薩。」果真是武財公的孩子，真的很會！

由於這位年輕父親是自來報名，沒有人認識，因此開完這一壇後，我也無從去追蹤小妹妹的後續情形——那，還講這麼多？你可別以為主委是在抬槓，這一章其實並不是要講神蹟，不是要

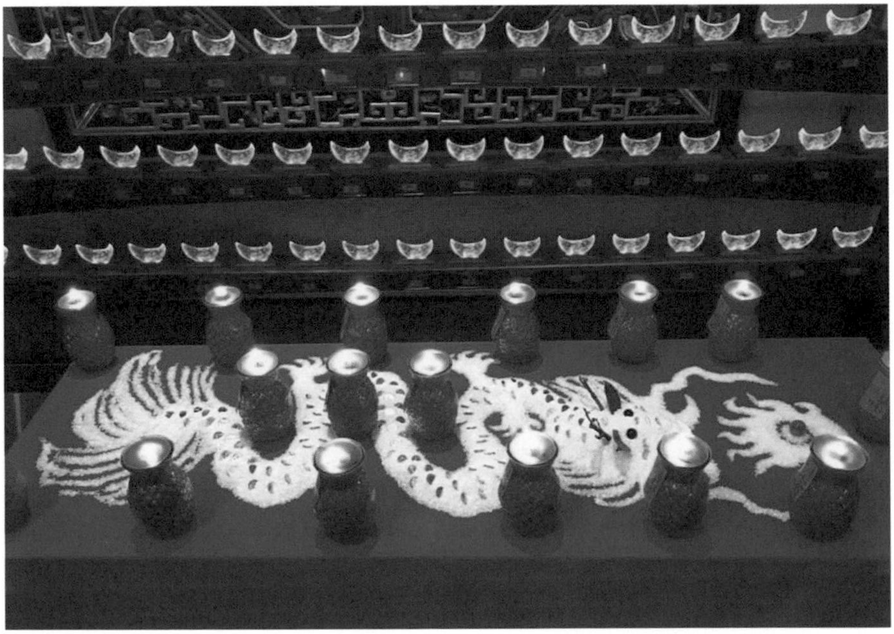

以手工與誠心堆列出的「米龍」及十六盞燈燭

講什麼信徒苦苦來求，結果開了一壇之後什麼天大的病苦都突然消失了，不是要展示那種像煙火一樣的喧譁與燦爛。這章要說的，其實是因果本末。

不到五歲就身患惡疾，是先天所帶來的，也就是在出生那刻之前，就已經註定好的了。我們說算命、算命，為什麼命可以算？以現在一般人的認知裡都已經能夠接受，透過基因檢測，可以了解一個人先天上所帶來的「命盤」，也就是在主軸上，我們大致可以有個輪廓，知道這個人先天什麼部位有問題、哪個器官在幾歲會出現病變、甚至幾歲會罹患什麼癌，都在先天的命盤裡可以概略窺知。也因此你可以想見，這背後是有個機制、有個準則在決定這些事件的發生。這個準則是什麼？就是因果。「欲知前世因，今生受者是」，一個五歲不到的孩子曾經鑄下什麼大錯？當然是過去世使然。面對人人無法迴避的因果法則時，你只有兩個選擇，一個是面對它、承受它，一個是改變它、償還它。諸佛菩薩慈悲，會教導的，自然是後者。那，怎麼去改變它、償還它呢？就是經典啊！持誦經典消除業障，是諸佛菩薩智慧與悲心的法門。我在後面章節裡用了現代的貨幣銀行學及區塊鍊做了比喻，以便讓活在現代的你，能夠迅速通曉這個亙古不變的法則。在此，也要祝那位小妹妹早日康復健康長大，這麼多人為你掛心，為你加油，武財公保佑，不用擔憂！

江湖篇

宏泰五金

拾參

慧眼識門生，智取二代賢

天有不測風雲

在寺廟當「頭人」與在金融業當主管最大的差異，在於所接觸之人、事、物的複雜度。我們常說「三教九流」，在寺廟主委生涯裡，會接觸到形形色色的人們，從國家元首到販夫走卒、從高僧道長到角頭大哥，這些人豐富了眼界，這些事也會成為人生難得的體驗。

民國一〇七年是地方選舉年，那年下半年的某個週一，一個有兄弟背景的前民代約了總幹事說要來宮裡談點事情。總幹事不以為意的獨自在會客室裡等他，不料前民代帶了一票人進來，看起來不大像只是要「聊聊」。前民代說明了來意，說他不久前搬到武德宮旁的社區，住下來後，發現武德宮在燒金紙時灰燼會飄落到該社區，使得住戶不太能在戶外晾衣服，而大家因為忌憚武德宮是大廟，因此敦請他出面叫武德宮給個交代。他給總幹事一週的時間，說他下週同一時間過來，如果沒有給大家一個滿意的交代，那他會召開記者會控訴武德宮對地方的污染與妨害。總幹事原以為自己可以從容處理掉的事情變得如此棘手，所以趕忙回報給我。

我先私下進行了解，得到幾個資訊：首先是住該社區的武德宮前同事告訴我，總幹事被約談的前一天，有兩個年輕人在社區挨家挨戶按門鈴，告訴住戶他們要向武德宮抗議，希望大家參與連署或一同前往，她認得其中一位是前民代的小弟，前同事當場婉拒了。另一件事則是前民代的太太當年度也要競選，那個社區是她的選區。

我聽完心裡有譜。隔週，我給出了個官方交代：我請秘書長與總幹事主持說明會，並邀來副議長，我沒有露面。會中我請我台大化工博士的特助說明武德宮既有天庫的爐灰抑制機制，以及最重要的，目前正在進行的真正做到碳隔離的新環保金爐與建計畫。副議長是清楚這個計畫的，並且在我們送照時曾經給過建議與指導。雖然我們提出官方解釋以及時程說明，但看來不是對方想要聽的，群眾迅速鼓譟了起來。熟諳公眾事務的副議長這才明白對方的訴求，起身打了個圓場，說如果鄰里有所抱怨，建議武德宮可以多做一些「敦親睦鄰」的實質措施來改善關係；「關鍵字」一出來，大家

紛紛表示認同並附和鼓掌。抗議方會後建議的「敦親睦鄰」方案是，針對該社區臨武德宮的兩排住戶，每戶應補貼一台烘乾機、一台除濕機，請幹部轉達主委。算算戶數，聽起來是個大約百萬或百來萬可以解決的事情，似乎不大，幹部建議我息事寧人，畢竟副議長也出面做公親了。但我告訴幹部，事情絕對不能這樣處理，否則會沒完沒了。

社區位在本宮南面，這一次補貼的是緊鄰我們的兩排住戶，那麼再更往南兩排呢？會不會換他們來抗議為什麼沒有？那再更南面呢？要往南多遠才算是盡頭？而假設整個南面真能全處理了，東面、西面、北面怎麼辦？四鄰全部比照，那是幾位數的補貼？我們有無限上綱補助的實力以及義務嗎？前民代的敦親睦鄰方案事小，但可能造成的影響事大。我跟大家看法不同，認為不宜答應，可以請示過財神爺再進行。

強龍壓尾，神取二代賢

那天，戊戌年（民國一〇七年）九月初一日，在開壇前上香稟完財神爺後降壇，真的，一切就都迎刃而解了。那天一降壇，武財公便出了兩句：

XX一人利水錢
慧取一人在XX

「XX」是地名，叫我們去那裡找個人，而這個人，「利水錢」？我問武財公，是否找到此人就能解決這事？武財公回：「強龍壓尾本無事」，武財公覺得根本沒什麼事，找個強龍壓尾便行；看來這個人，便是「強龍」。我再問，因此這位應該在道上德高望重說話有份量？神曰「是」，並說：「二代賢」，看來是有父子兩代。在我仍然一頭霧水之際，武財公再出：「代命出言在即日」，很快就會銜武財公之命出來協調處理這件事情了！「所以這個人是師尊您的門生嗎？」武財公回：「往父有誠師尊下」，看到這句我有點驚愕，所以這二代賢的父親已經往生了，雖然他生前是武財公門徒，看來唯今只能找兒子了。「請師尊再提示」，我這麼說著。武財公再出了一個「官」字。父親已往生，那麼「官」指的應該是兒子，但是是什麼官呢？「代表」。

講到這裡、再想想那個地名，我突然浮現一個畫面，也就是再往前幾個月前的事。我記得有一次開車路經該地，看到一個靈堂出奇的壯觀，罐頭塔隨便都有二樓高，沒多久還在臉書看到幾個臉友同時參加那場告別式，是位大哥級的人物沒錯。我趕忙掏起

手機打開臉書、找出這些人參加那場告別式的發文，一張張地過濾照片後，總算讓我看到式場主人的名諱了，我趕忙請示：「是否係李某某？」說「是」，這下子似乎剩按圖索驥了！知道人名後，武財公交代「ＸＸ取賢線牽情」，叫我到該地名「取賢」，也就是祂要收這個大哥的公子為門生，把上一輩跟祂的緣份給接續下去。原來是這樣，難怪似乎早就設定好劇本與角色，只差大家按照指令一步步走下去了。

我問了朋友圈，是否有人認識這位李姓前輩或他的公子？有幾位都是間接認識，也就是朋友的朋友了，感覺有點薄弱。隔沒兩天我在一個場合與嘉義縣陳文忠議員聊及此事，他提到了我們雲嘉地方一位我也認識的大老跟李姓前輩是結拜兄弟，找他一定可以促成。就這樣，在陳議員以及大老的安排下，他們把李姓前輩的公子給請來，讓我當面說明此事。李姓前輩的公子是個年輕型男，身邊跟著一位父親生前身邊的人、年輕人的叔輩。年輕人今年還被家族推出來參選代表，我想到武財公介紹這個人時，說了他的職務是「代表」，我想，這下鐵定當選了……。大老叫我把故事再敘述一遍，說實在，如果不是大老主持，叫我沒頭沒腦的去跟一個素未謀面的人告訴他這「天大的好消息」，我應該會被當成頭腦有問題的人吧！年輕人聽完一時不知道如何反應，大老表示，他跟年輕人旁邊這位叔輩，應該都可以處理掉這件事，但是武財公指名年輕人，一定有祂的用意。大老當場指示，讓年輕人回去先運作運作，若不行，才由他出馬。大老果然不簡單，面面俱到，大家就先各自回去了。

當晚，我接到一通電話、是位女士，她說：「主委啊，我是〇〇（年輕人的名字）的媽媽啦，聽說武財公要收我們家〇〇作門生喔？怎麼會這麼福氣啦！主委今天晚上你有沒有空，如果可以，想請你來我們競選總部坐坐啦！添一下我們光彩！」大嫂熱情地約著。

想到要請託人家處理事情，我當然是馬上爽快說好，卻沒注意到嫂子掛電話前好像依稀說了句：「我會把某某也叫來。」某某就是一開頭帶人來要求我們給個交代的那位前民代兄弟。當晚一到現場，那位前民代果真已經在場，而且畢恭畢敬的坐在一旁。嫂子清場留下相關人等後只跟我說了句：「事情已經處理好了。」她有跟前民代「交代」了，就照她交代的做、不准囉嗦。我瞪大眼睛，不明就裡。前民代趕忙解釋說，其實他真的也是為民服務啦，被選民推派出來也只好勉為其難為民喉舌，但既然「老闆娘」交代了，他再想想辦法解決。這！原來往生的大哥是他的「老闆」，即使已往生，民代面對嫂子，也是要恭恭敬敬的，可見起碼前民代頗為重視這層倫理。我也跟兩位說明了「敦親睦鄰」事小，但可能會被無限上綱、無法估算影響才是嚴重，我表明可

以做球給這位民代，提供物資給民代、以他的名義發放，如此他既能對社區選民有所交代，再更外圍、更廣大範圍的住戶也無法就此來跟武德宮索要。大家聽完覺得也是個辦法，雖然事後沒有再發放什麼，就直接圓滿落幕了。

棘手的事處理完，接著是溫馨的部分了。那對母子對於武財公的欽點指名，而且還主動寫出官銜預示當選，都覺得相當榮耀；我請年輕人務必親自跑一趟敬謝師尊，他也開心應允。從那天起，我不但時常看到年輕人在宮裡出沒虔誠禮拜的身影，有一回遇到，他還高興地說著他的太太當天祈請到一尊黑虎將軍要回家供奉；看著他們欣喜的表情，我明白師尊並沒有看錯人。而年輕人不久，果然也順利高票當選了。

我知道「義」字，是武將性格的師尊生平非常看重與珍視的人格特質，也因此，忠義者即使因先天背景或後天環境使然造成有些過失或瑕疵，然神恩浩蕩，瑕不掩瑜，心存忠義者依然會得到武財公的眷顧與指引，一步步走向更光明正面的未來！

拾肆

鸞生鐵口斷吉凶，他棄鎮長選議員

己亥年（民國一〇八年）環台行腳結束後，以往我們寺廟聯誼交陪罕至之處，像是屏東、台東、花蓮等地，突然多出了許多好朋友與友宮。因此行腳結束後，我們也開始收到來自這些地區的請帖、邀請函等，展開彼此正式的往來了。也由於每赴這些地區參加一次活動的車程可不短，因此我們都會盡量把握機會也順道拜訪鄰近地區在行腳時認識的友宮，一來是致謝，感謝他們在行腳期間的熱情招待，二來也是交流聯誼，促進感情。

就在一次前往因行腳而結緣的友宮祝壽完畢後，我們又順道至鄰近某鄉鎮的天后宮參香聯誼。當晚，天后宮的主委熱情地設宴款待，我們也恭敬不如從命的參加。那天，席開兩桌，每桌都交錯安插有兩宮人員以便交流。我們這桌坐了天后宮主委、主委家人以及一名會長，武德宮這邊除了我以外，則有鸞生蔡師姐以及秘書長、總幹事。

稍事寒暄後，同桌成員開始彼此介紹。天后宮的會長姓李，是該鄉鎮的鎮民代表，他簡單地自我介紹，大概說了說他從政的資歷以及之後的動向。講到這，他靦腆地表示，因為他擔任鎮民代表多屆，地方耕耘及布局自認成熟，加上現任鎮長也是他輔選過兩次順利當選及連任的，多方評估認為自己駕輕就熟也有相當的實力，因此最近決定準備要宣布參選下一屆的鎮長了。因為初次見面，大家聽了也只能客套地頻頻微笑點頭，不料這時候，坐在一旁原本只負責傻笑的鸞生蔡師姐突然厲色地對著素未謀面的鎮民代表說：「你不知道你硬要選鎮長會有危險嗎？應該要選議員才對！」聽到這話，代表的笑容瞬間僵住，探了探左右、問這位女士是何許人，知道是鸞生之後，他便問：「可以請問師姐是什麼樣的危險嗎？」「生命危險！」師姐毫不猶豫的回答。講到這，換同桌的武德宮幾位人員、包含我，臉色鐵青。素不相識劈頭跟人家講如此重的話，不會有事嗎？大家都用眼角餘光瞄了瞄當事人，反而是代表神色自若，還露出一絲無奈的苦笑。這個苦笑，其實是一種「我懂妳說的」的苦笑；看到這個苦笑，我知道，鸞生應該講對了什麼……。

代表開始說明，其實他前陣子就開始思考，這屆代表該是最後一屆了，他必須要更上層樓。他在思考評估的，的確也就是選鎮長或選議員兩者。鎮長有行政權、是主官，而議員性質則跟目前地方民代類似，所以選鎮長的誘因對他較大。選鎮長跟目前選區重疊，他人脈樁腳都可完全留用，只是競爭恐怕會相當激烈；選議員則是競爭沒那麼白熱化，但要開始跨出原選區重新布建，需要相當的人力物力並勤跑勤耕耘。平心而論，後者的機會較大，理性評估的話他應該是要選議員較為安全妥當。

會長（即代表）接著說：「師姐，妳不是第一個跟我這麼說的乩生了。」原來會長為了經營地方，同時還掛了許多地方廟宇宮壇的顧問、會長或一些榮譽職，有幾次遇到神明降駕，當面跟他說叫他下一屆可以選議員了，「但是我通常都不予理會。」會長說，因為地方上幾乎都知道他這屆代表做完，想再更上層樓，而一般判斷，應該是選議員較為妥當，因此在無法知道到底是人意抑或神意的情況下，他基本上都不予理會，只專注傾聽自己心裡的聲音。「我想要選鎮長，這是我一生的志向。」會長這麼說，「但是師姐妳跟他們不同，妳根本不認識我啊！也不可能知道我選鎮長的風險在哪。」會長坦承，突然被素未謀面的人鐵口直斷，他動搖了，「我可能要再好好想想了……。」會長又說。

聽到這邊，秘書長出面打了個圓場、緩和一下氣氛。他告訴會長，反正時間還早，好好思考再布局都不遲，「另外，或是可以換個方式，既然財神爺透過鸞生這麼說，

一定有祂的用意與安排，下次會長如果有空，可以親自來北港一趟，再跟財神爺請教啊！」於是這個話題便在後來的觥籌交錯中暫時沉了下去。

回去後，接著沒多久我們便忙著送神準備過年，再來則是如火如荼的庚子新春，農曆正月就這樣一直忙到上元遶境過後，才開始能喘口氣；而我也在忙亂的宮務中，逐漸淡忘了此事兒。期間，唯有秘書長還與代表保持聯絡，而代表也一直把此事放心上，並傳達秘書長，希望在農曆正月過後我們宮務忙完，能夠讓他親自前來請示武財公，讓武財公為他指引迷津。因此，就在農曆二月初九內壇時，李代表到場了。那天，交辦完公事，我請代表上前，他都還沒開口稟報，武財公劈頭就寫了：

三心五意非清流
吾言世事非汝想

首句說一個人「非清流」當然是教訓他的話，還說「世事非汝想」，這世上的事，可不會照你想的那樣。這感覺是在講選舉的布局，我出嘴代為確認，神曰：「危」嗯，跟師姐上次鐵口直斷一樣，會有危險。好巧，場面迅速跟上次一樣，賓主都面色鐵青……。不過，武財公劈頭這樣說，感覺是一種教誨、教導的口吻。果然，武財公接著說了：

信誓心誠善為本
師尊必助汝誠意
清風善流必誓行

嗯，教訓的背後藏有更大的期許。武財公告訴代表：「如果你能立誓以善為本，誠心敬我，我一定會助你；但你不要忘了，要立誓做一個善良的人、一注清流。」接著補充：

透心吾明不言細
勸汝修心身意口

武財公連李生心裡在想什麼都一清二楚，祂不點破，只要求李生修身口意。教訓的話講到這，代表頻頻稱是，再來便是重點了。李生繼續問了下生涯規畫的部分，武財公也是直破：

鎮必傷命

選鎮長一定會危及性命！

武財公斬釘截鐵地說。看來該怎麼抉擇，已經相當明朗了！如今唯有轉戰議員一途，神意如此，當下似乎只能轉折。確立了目標後，「令賜將巡護助持」，武財公當場指示賜給李生一隻令旗，要調兵遣將護助李生及護盤了！

武財公所賜令旗

善改回頭吾必助
透心有惡不言明
誠心懺悔收入門
他遠牽緣渡此生

武財公對李生循循善誘，希望他勇於改過，並允諾，他若能誠心悔改，要收他入門，而之所以跨越這麼遠的距離去牽起這段緣，乃是因為這一世便是要來渡他的。這幾句總結了來龍去脈，旁人也頓有「原來如此」之感，若非宿世與武財公有緣，豈能有如此福報親炙神明的教誨與牽引。咦？是要結尾了嗎？當然不是，經典的是後續啊！

泯恩仇，結善緣

開壇結束，客人開了這麼久的車才來到北港，當然要好好招呼接待，我跟秘書長便邀請代表到「樂咖啡」裡坐坐小聊一下。「既然神明這麼說，應該是看到了什麼狀

況，代表你不妨回去思考看看，應該會想通。」一樣，秘書長又開口打了圓場，希望緩解一下剛剛濟世案桌旁的衝擊。代表一樣淡定微笑，換他說了讓我們很衝擊的話：「其實我完全知道武財公在說什麼。」他說，他原本在上次我們同桌吃飯的幾天之後，已在鎮上某餐廳預訂了八十幾桌的宴席，準備當天要正式宣布參選鎮長，但這件事遇到兩個阻礙，讓他決定先取消發布，等到請示過神明再說。一件是他政治上的「老闆」反對他參選鎮長，直接要求他去布局議員；另一件呢，則是他遇到了一個素未謀面的乩生，劈頭就跟他說選鎮長會有危險。代表又苦笑了。

老闆的話，起初讓代表很不滿，兩人大吵了一架，但他沒打算服軟，仍然決定硬幹。不過，接著又馬上遇到鐵口直斷的蔡師姐，這時他真的動搖了，猶豫不決下，先取消發布再說。這背後的關鍵，其實跟他競選鎮長的競爭對手也有關。「我這個人很直，你跟我來硬的，我不會吞忍，一定會硬著回去。我跟這個也要競選鎮長的對手，算是宿敵吧！前陣子他還找一群台中的少年仔來要處理我，也被我修理回去。」原來是在講社會事啊，代表終於要開始爆卦了！原來代表年輕時也曾混跡江湖，而競爭對手也是個兄弟，輩分較高，是代表的老大的死對頭，一次雙方談判，對方氣燄高張對他的老大出言不遜，「年輕時候比較衝動啦，又想要在老大面前力求表現，當場拿起煙灰缸就把對方頭給砸破了！」看著說話相當圓融又笑口常開的代表說出這段過往，大家有點嚇一跳。「那都是往事了啦，但是大家樑子就這麼結下了。後來也很巧，大家都往政壇發展，公開場合也常會遇到，往往是台上行禮如儀，維持表面的尊重與風度，一下台就形同陌路毫無互動。」代表說著。由於雙方都是公眾人物，在地方仍會經常接觸碰頭，雖然檯面上要維持形象，但檯面下雙方人馬仍有零星衝突。代表說了，對方也已經表態要選鎮長，「我一生的志向就是要當上鎮長，怎麼可能因為自己的死對頭說要參選我就退縮。」這就是當初大家同桌吃飯前的情勢，「直到遇到了蔡師姐！」代表笑著說。

老闆的攔阻，若置之不理率性而為，將會失去許多政治上的奧援，而師姐的這個重擊，也讓他大受影響，因此才把原先預定要發布的酒席都先給退了。這個消息，迅速在地方上傳開，大家開始流傳，「代表應該是要放棄選鎮長，改選議員了。」消息不脛而走，也傳到了死對頭的耳裡，就在開壇請示的幾天前，他們倆人碰面了。

「這是二十年來，我們兩個第一次能面對面坐下來好好聊聊，還能喝上一杯咖啡啊！」代表又笑了。大老劈頭就說：「老弟，我聽說你不想選鎮長了，改要選縣議員，是真的嗎？」不等代表回答，大老又說了：「老弟，如果你真的放棄選鎮長，這樣啦，你也不用出力幫我，你放手就好！如果你肯，那麼，我的所有樁腳就是你選議員的樁腳，他們全都會下去幫你！」原來如此。代表繼續說了，正是因為這位大老兼宿敵也要參選鎮長的緣故，對他的參選鎮長，不只是相當大的阻力，還……隱隱有其他風險。因此當蔡師姐一開口的時候，代表便知道她所言不虛，當下即相當戒慎警惕。而既然連神明都斬釘截鐵的指示，這一次，只能暫避其鋒了。「對啊，代表，你還年輕，對方比你資深年長又很有實力，你原本硬選不見得會贏，但若你照武財公的意思禮讓他這屆，不但化解了多年的宿怨，還把一場可能的災劫變成強大的助力，也結下了很好的善緣！」這集，主委終於有說到話了。就這樣，代表不再猶豫，心裡一塊大石頭卸了下來，那天也開開心心的迎請武財公的令旗回去供奉，應該算是個皆大歡喜的圓滿結局吧。其實，幾十年間、橫跨兩三個世代，在武財公的門徒裡，都不乏這種原本浪跡江湖的血性男兒，或因義氣、或因純孝，總之都有一些讓武財公看重的人格特質，而讓祂老人家在因緣俱足時出手拉一把，不僅自此走向正道，也變成我輩後進敬佩景仰的虔信門生。這，不就是信仰最寶貴的價值嗎？

話說到此，說到武財公看人的獨到角度與面向，不禁讓我想起年輕時的開基老主事、我的外公，他……，好啦，算了，我怕晚上做夢。

通陰陽篇

拾伍 玉手接通陰陽路，鸞筆再續祖孫情

人死不能復生，自古至今都無例外。但，骨肉至親陰陽兩隔之後，是否此生就再無機會能夠聯繫上了？以下這個見聞，會讓你對於不同世界間通聯接軌的可能性，有不同的看法。內壇講了這麼多人的公媽先祖，現在我想來講講我自己的見聞、我自己的公媽，講講這位武財公尊稱的「主母」、我的外婆：陳何金鳳女士。

民國一〇六年八月八號父親節當天，我正好有朋友（一對從廣州來的夫婦）因為要請示武財公事業與投資案，特地飛回台灣、趕來祖廟；而師姐當時剛結束日本旅遊的行程，也在當天要返回台灣，並預計八、九點會回到北港。廣州的客人傍晚就先到了，因此我就請他們一起吃個飯等一等，想說飯後師姐應該也差不多回來，就能開壇了。結果，那天可能班機有所延誤，師姐一直到晚上快十點才回到北港，但因為宮裡是十點關門，這樣開壇下去，怕會開到半夜。為避免影響晚班同仁的作息，於是我就

建議大家：時間這麼晚了，別搞得太累，先各自回去休息一晚，明天一早神清氣爽再起來開壇。大家也都同意了。

其實那天，我本來也是想趁開壇時問一下身體的健康狀況。那一陣子，應該說那一年，我的身體都有點狀況，而且武財公也在事前就主動派過幾次符給我，並叫我符一定要帶在身上，不然就是叫師姐要幫我「注氣」、也就是用手貼在我背上或不適處灌氣。說真的，在被灌氣時，我這個麻瓜是完全沒有感覺的，但每次師姐光是用手貼著我的不適處灌氣，這個看似靜止的動作每每做沒多久，她便滿頭大汗，時而氣喘吁吁需先暫歇調息、時而不適反胃痛苦狂嘔，這種劇烈的身體反應就是在把我體內的毒或不好的東西給吸納走、再藉由一些動作把它們釋放出來。

總之那晚，大家都先回去休息了，剩我跟師姐還在宮裡。我就問師姐可否先幫我加持灌氣一下、也幫我看看現在身體狀況如何；因為武財公也有交代過她，所以師姐聽完二話不說就開始幫我注氣。我背對她，她用雙手搭著我的背，有點像是武俠小說中運氣療傷的架式。我因為沒事幹，就自顧自的開始跟她講話。

不一會，師姐突然喝斥我叫我不要出聲，我趕忙閉嘴，當場一片靜默；我正納悶著是什麼情況，還以為是因為要運氣的原因不能說話。但師姐說了，是因為有一位「阿

桑」正在跟她講話。不過舉目四望，現場就只有我們兩個活人，我那時大概知道是什麼情況，開始有點緊張了……。接著她便開始轉述：「阿桑說你喔，就是西藥吃太多，還有，你吃食都吃太燥，攏講袂聽，腹內火太大。」「喔，她還叫你要飲甘草汁！」師姐一邊聽阿桑講話、一邊微微在笑，說這個阿桑講台語很好聽，輕聲細語的，還有一個特別的腔調。聽師姐轉述並模仿她的口音時，我臉色馬上就變了——怎麼會有一個阿桑跑來關心我的身體？而且講的這些話、甚至這個腔調，怎麼跟我外婆在世時常跟我說的話一模一樣？

我其實心裡已經八成有底了，心跳也快到不行，既緊張又激動，我急著叫師姐問問她是誰、叫什麼名字。不一會，師姐回說：「阿桑說她叫金鳳。」聽罷，我眼眶泛紅、淚流滿面。其實那句話一出來，我便知道是誰了。祖孫之間、近四十年的相處，沒有什麼經典的動人台詞，也不講什麼高深的道理，一見面不是軟言訓斥你天氣冷怎麼穿這麼少、不然就是碎念絮叨說你火氣大別吃這麼燥，嬤孫間的默契情感，往往一見面還沒張口，你便知道她下一秒要說什麼了。那一年，離外婆與我們天人兩隔，其實已經將近十年了。十年來，沒有人再跟我碎念過那句話，還用那樣的口音。沒有想到透過鸞生這個載具、媒介，我還能夠再次跟過世十年的外婆重新通聯上，而且還能讓我這個孫子知道，即便她已不在人世、不在這個空間，還是一如往昔關心著、疼惜著她的長孫。

隔天一早開壇時，我問武財公，昨晚來的是不是我的外婆？神駕回說正是主母，並且說外婆她現在「三遊不擾自怡然」，就是說她目前在三地（應該是指三界）遊走自在、怡然自得，要我們不必太掛念。但又說外婆她「心繫初祖地」「依依不捨初祖土」，意思是她心中仍然掛念著保生堂這個發跡地、發源地，因此還是常常會回到這個地方，在附近流連、走走看看，也在我狀況不好時藉機來叮嚀我。接著，出乎意料地，武財公又寫了句：「藥桶之縫何嬤示」，說外婆叫我去保生堂的藥桶縫中翻找東西，裡面有要留給我的重要物品。聽到這兒，退駕之後我忙請師姐再帶兩個同仁，我們四個人隨即前往保生堂尋寶去了。

保生堂裡有一整排的櫃子都是一格一格的藥桶，每個桶子外都貼有一張手寫藥名的小籤，算算全店起碼有一、兩百個這樣的桶子。我們從保生堂前廳的藥桶先翻找起，開了快上百桶都沒有什麼發現，不是空桶就是些放了很久的藥材。接著到店後的庫房繼續翻找，在仍無所獲、有點沮喪之際，終於在最後幾個桶子裡揭開了答案。有一個桶子，上面覆蓋著報紙，拿開後有找到了幾本保單、存摺跟一整疊的文件。銀行存款的部分，在外婆過世後長輩就已繼承，但那一整疊的文件，可能就是外婆想交付予我的吧！外婆走後幾年，我也繼承了保生堂，幾年間不斷出入，這些東西朝夕都在我眼前，我卻渾然不知，一直到外婆出現，透過武財公降鸞把這個小祕密交付予我，這些東西才能重見天日。但最讓我動容的，卻還是在接通時那熟悉的絮叨啊……。

俗話說：「死人直、死人直。」以往，我們對往生者大多有種距離感與恐懼感，認為他們冰冷又直性，稍有不慎，便容易去冒犯到。但這個事件著實讓我感觸良多：我深深感受到，往生者對晚輩的關心，其實並不亞於他們還在世的時候；像我外婆，即便她現在自由自在、無拘無束了，其實心中還是會掛念著自己的兒孫，讓人覺得十分溫馨暖心，也顯示親情的牽繫，是永遠不會隨著時間而消逝的。

拾陸

亡父牽引，慈母捨生

我有個音樂圈的朋友小郭，曾鬧出過不小的新聞，也算是個名人。小郭在民國一○六年年底時，為了他一個朋友家中發生的意外，於內壇時特地跑來請示武財公，希望能透過神力指引，找出原因，讓朋友一家的生活能回復到正軌。

小郭的朋友姓黃，也是音樂人，曾經發過一張唱片，但星路不太順遂，後來迫於現實放棄夢想改行，跟母親還有妻小搬到新營從事餐飲業、賣起了便當。婆媳同住一個屋簷下，又一起工作，難免有時有些齟齬，若無適當調解，心結不只不易解開，還會日益深重。日子一久，黃媽媽變得鬱鬱寡歡，兒子雖然在意，但也不知道如何排解，一直到那天出了事情。某天，黃君帶著妻小回太太娘家，留母親一個人在新營家中，三天後回家時，黃君還為母親帶了晚餐，但回到家中任他怎麼呼喊，媽媽都沒出房門，跑到母親房裡查看，才驚見他此生最驚悚的一幕——母親一動也不動的面朝下、倒在地上，身旁都滲出屍水與血，明顯死亡多時，翻過身來，大體已發黑，臉也因壓迫而變形，黃君既驚懼又痛徹心扉，難以言喻。

由於事前根本沒有任何徵兆，突然喪母的黃君受此打擊，一蹶不振、意志消沉。小郭便主動探詢我，是否可以在內壇請示武財公黃媽媽的死因。「這……」一直以來，內壇都是在重大急難發生「時」為信眾排憂解難，第一次遇到在事故發生「後」，想要藉內壇了解事發原因的，我不太確定是否符合救危亡或濟病苦的標準，我沒有正面回答他。但過了一陣子，小郭又打來了，因為黃家這事越演越烈，黃君性情大變，本來溫和的人對妻兒卻開始偏激暴躁，太太在無法消受之下向小郭哭訴、請求協助，小郭才再來找我商量，希望宮裡內壇能開方便之門。演變至此，正當性已無虞，黃君便在小郭安排下，在農曆十月廿五日時前來祖廟請示武財公。

那天，聖駕一到，先出了幾句詩文：

天蓬元帥測南風
奉主不持虧欠逢
遭遇不免其父造

唯心以寬珠淚滿
聖母右虎左龍淚

寫完，神駕再出「聖母之弟請」，要我們請聖母的弟子進來。由於開頭這文，我看已經是在講黃君的事，因此我遂對站在紅龍繩外的黃君招手，黃君愣了一下，由小郭陪同進來，雙雙便在案桌旁合掌跪下。我問黃君說：「你們家是拜天上聖母的嗎？」黃君又愣了一下、連忙回說「是」，說黃爸爸、黃媽媽都奉拜天上聖母。我便出示剛剛的文給黃君看。文義我看得也沒有很懂，但是有提到，有人奉天蓬元帥為主，卻未盡門生本分，會發生這樣的事情，是做父親的所造成，希望知道緣由後能夠放寬心。

我問武財公：「奉主不持，指的是誰？」武財公寫「其父」，就是黃君的爸爸。我便問黃君，「你爸爸是不是有奉天蓬元帥做主，然後沒有照著該做的事情去做？」他想了想說「對」，他約略有聽他媽媽講過這些往事。我便再問黃君說，「那你父親現在人在何處？」黃君說已經往生六、七年了。嗯……，再對一下文，我好像快猜到了。接著武財公單刀直入：

父持母，不擾罣
非合和樂非緣深
一心歸天終達願

「父持母」，母親竟是被爸爸給帶走的，武財公還叫黃君不要罣礙了，說「既然合不來也不和樂，便一心希望離開人世並且終究達成願望了。」這……，「呃……，你們家……，不太合是嗎？」跪在一旁的黃君突然被我這麼問，愣了一下，尷尬地說出，「嗯……，我母親跟我太太合不來。」這小郭之前在電話裡有大致提到，而且黃君跟他通話時還曾經激動地叫喊「是我太太害死我媽的！」

武財公接著再出：

家不和父母相持
不明示宜謝林主
家和惜緣不再擾

我跟黃君說，因為一家不合，所以「父母相持」，手牽著手走了，可見爸爸來帶時，媽媽也有同意。黃君聽到這裡，也點頭說道，「媽媽過世前幾天真的一直提到說有看到爸爸回來，並且吵了她兩天、讓她幾乎都沒辦法睡覺。」他沒想到這不是媽媽的幻覺，而是確有其事！看到這兒，我已經完全懂了！

我跟黃君解釋說，總之，是爸爸來帶走媽媽的，而且一降駕時的籤文有顯示出，黃爸爸目前在聖母跟前處，又說媽媽「終於達成去天上的願望」，可見父親帶著母親往赴善處。鸞文裡又說「細節不必明講，感謝林主委的協助就好。」並告訴他們，「現在已經一家和樂了，要珍惜這個緣，這事就不要再糾結於心了！」這裡我略過一句「魚刺致命」，因為武財公都說不再擾了，何必跟人家詳細解說他母親的死法呢……。事實上，法醫解剖黃媽媽的遺體，的確看不出有任何外傷，因此排除了他殺與自殺的可能性，並且心臟也都沒有問題，因此並非死於心肌梗塞，所以結論是：死因不明。

神駕退駕之後，黃君的太太忙上前問他到底是怎麼一回事？黃君便一五一十地告訴她，是因為媽媽希望家庭和睦，不要再繼續爭吵，所以才跟爸爸走了；他太太聽完，眼淚瞬間潰堤，覺得自己以前常因細故跟婆婆爭執，但是婆婆走了，竟仍惦記著這個家的和睦，很感動也很令她自責。我也勸慰黃君說，這不是什麼恐怖的意外事件，純粹是父母對子女的愛。媽媽不希望看到孩子一家為了自己爭吵，乾脆就跟爸爸走了；我叫他要往好的方面想，因為父親在天上聖母前有一個好的去處，所以才有辦法來把媽媽帶走，這也不是一般人想要就辦得到的。總而言之，老人家的心願就是「家和」，讓大家心裡不要再有罣礙，不要再有困擾，也讓兒子了解做母親的用心良苦。

講到這裡，臨案者都不禁感動落淚，此樁公案到最後，也算是圓滿解決；而自此，原本半信半疑的黃君相信也會心服口服、五體投地，因為從他踏進武德宮起，都還沒有開口跟我們講到話，開壇時也都還來不及上前稟報，神駕就已經清清楚楚的交代家裡這些事情的前因後果、來龍去脈了。不過最重要的是，他們一家人也會因為長輩的愛與成全而更加珍惜彼此，自此一家和樂！

拾柒

水泉滌淨累世業，懺法度離平生苦

民國一〇九年五月廿一日（農曆四月廿九日），小英總統第二任任期開始的隔天，按例，開了內壇。這本書寫到此時，原本大致的編排都已經差不多了，但這一壇的內容，又讓我想要把它納進來，因為有兩個亮點：一個是關於祭祀科儀的機會教育，另一個則是與我在今年往生的叔叔有關。

父親在家中兄弟排行老三，下面還有兩個弟弟。四叔早年做成衣批發生意，大起大落數次，意氣風發時大開大闔，好賭也風流倜儻。四叔三十來歲時與嬸嬸離婚，他們的兩個孩子、我的堂弟堂妹都由嬸嬸帶大，也都與叔叔相當疏離；尤其是堂弟，他年輕時因桀傲不馴難以管教，嬸嬸痛心之餘便在堂弟成年後也與他劃清界線，一家就此四散。叔叔後來成衣生意失敗一蹶不振，便轉往大陸發展受雇為員工，自此一去便少有聯絡。我從國中畢業後，三十年間只有在祖父過世時見過四叔，那感覺大概就

是……嗯，你有聽說過的一個親戚吧。但這號傳說中的人物，卻在晚年進了武德宮工作，我們變成朝夕得見；也因為這點因緣，讓叔父有幸得藉神力渡離苦厄！

大概在兩年前，我爸突然打了通電話給我，說一直在大陸工作的四叔現在已經回台灣了，問我是否能為他在廟裡安排個工作，讓他有個收入可以安享晚年。我聽罷不置可否，只回說我先找總幹事討論討論。我知道應該是可行的，因為廟裡有太多臨時工、鐘點工以及派遣工的工作，只要稍微整併這些派工，就是一個人力需求，不過你知道的，公眾事務還是要謹慎處理，特別是關係跟你較近的。跟總幹事及幹部討論後，確認有這樣的職缺，就是大道院的櫃台人員。工作性質大概就是看顧道院、清潔道院周圍環境，相對靜態無甚勞動，也不用有專業背景，但卻一定要配置人力，聽起來與我的需求甚為相符。我便通知我爸，請他讓四叔來宮裡報到了。

叔叔報到那天，我跟總幹事請他吃了頓飯，大家彼此先熟悉一下，由於我平時都不在現場，這頓飯的用意就是把叔叔交代給現場幹部、請他們好好照顧的意思。叔叔初到之時，我還沒有覺得有什麼異狀，就是他反應好像比一般人要遲緩一些，不過工作上尚稱認真，責任範圍內的例行事務都有按時完成，還常常看他一個人拿著抹布，連道院外的欄杆也像繞佛一樣一圈又一圈的擦拭；工作範圍及工作時間以外的部分，我就完全沒有過問了，畢竟長輩跟我們這個年齡層、乃至更年輕的宮裡其他同仁或信徒志工，在思想觀念、行為舉止上都差異較大，偶有一些人說點什麼我本也都不以為意，直到發生了層出不窮的摔車自撞事故……。

從不尋常的摔車開始……

不知道是在進宮裡幾個月後，我先是一次夜裡接到總幹事來電，說叔叔在下班騎摩托車回去的路上摔車受傷被送到醫院，隔天無法上班。當叔叔恢復後隔沒多久，我回宮經過大道院時，看到叔叔，發現他頭部又新腫了一包，於是我上前去叮嚀幾句，叫叔叔別再騎車，畢竟回家路上經過太多沒有燈光、路況又差的小路，他應付應付地跟我說好，然後又再故態復萌。終於有一次，爆發了極嚴重的事故——他又再騎車摔車自撞，昏迷後被送到就近的媽祖醫院，院方通知到總幹事，總幹事才趕忙通知我。叔叔那次撞到連腦部都水腫，需要手術抽水，但好像是聯絡家屬過來簽字，而家屬……不克前來之類。我原本請幹部問院方可否由我代簽，幸好後來大伯趕到，簽完字後才順利手術並住院休養。出院後，我幾乎是硬性規定地要求叔叔不准再騎車，就近在宮

旁的社區租房子，才稍稍遏止那陣子一連串的摔車事故。

經過那些事件，我跟叔叔對談與接觸的次數多了些，我才逐漸發現，叔叔，真的有點不一樣。我本來以為那是一種上了年紀的遲緩，就是你跟他對談，他回應你時會Lag、反應會遞延；但後來我逐漸發覺，他除了反應較遲緩，還有點心不在焉、失神失神的。以我不專業的判斷來看、若用「行話」來說，就像是人少了一、兩條魂。「這可能才是他以離奇的頻率不斷自撞的原因吧！」我心裡暗自想著。

叔叔晚年時，對於打牌小賭，似乎仍相當熱衷。總幹事偶爾會跟我說，有時月中一過，叔叔手頭便緊了，商量要預支薪水，不成則乾脆直接商量周轉。聽罷，我也不置可否，畢竟幾十年的習氣，又豈是旁人可以左右。可能是不慣與人同住分租、可能是喜歡住在原來的地方，沒多久，叔叔又退租搬回原處，又開始偷偷騎車上下班，又開始三週一小跌、五週一大摔的日子。沒多久，叔叔在一次下班跟朋友打完牌要回程的路上，又重摔住院了；而這一次住院休養，隔了半個多月才康復出院。

原本想說，叔叔在兩次嚴重的事故後，勢必會驚心警惕，自此應該行路都會專心注意並慢慢脫離厄運了吧！沒想到就在三月初的一個晚上，總幹事報來了噩耗，說叔叔在路上被電動車騎士給撞到，送醫時已無生命跡象，急救後宣告不治。原本以為是叔叔老毛病又犯，恍惚不專注又堅持騎車的緣故，但後來細問才知道，叔叔竟是夜間獨自在路上行走時，被騎乘電動車的年輕人高速撞擊才重傷身亡的。令人在突如其來的驚愕震撼外，更多的是無法接受的荒謬，怎麼會有人被厄運追殺到這種程度呢？

再莫名其妙也得接受並處理。為方便家屬、也就是堂弟妹（應該主要是堂妹）處理叔叔的後事，宮裡先送去十萬塊奠儀，並詢問有什麼可以協助處理的；堂妹回覆說因為叔叔有保險，會有相當的給付，金錢方面倒不成問題。我便請總幹事追蹤他們與肇事方的協調情形。家屬火速處理了叔叔的後事，頭七那天便公祭火化；可能是太過倉促，家祭時僅人在新港的至親家屬參加，而公祭則僅有武德宮一個單位代表出席。堂弟因為有分得叔叔的保險給付，表示無心力處理後續求償索賠等法律程序，跟堂妹要了個金額，後續的權利就給堂妹概括承受。逝者已矣，能接受、不能接受，都得接受，這事就在叔叔公祭圓滿後，似乎告一段落，直到農曆四月廿九日的這個內壇。

這一壇，諸事理畢，我跟筆生達哥都沒什麼要提問的了，但總幹事還有一案，我知道他要問水懺法會的事情。今年中元，宮裡又要舉辦水懺法會，所以有信眾在問，這科法會有沒有幫功德主立牌位及先人的超薦蓮位。他才要上前請示時，武財公又動筆了：

水泉渡離賜蓮位
賜帛、衣、足履

筆生達哥寫完第一句就用眼神跟我示意，看了一會我才知道是在說我叔叔。叔叔名叫泉成，水懺要幫泉成渡出離苦，要賜給他一個蓮位超拔他，並囑咐要燒給他財帛、衣服跟鞋子。內壇常這樣，看似答非所問，其實答超所問，甚或未問先答。你才要上前請示是否設置蓮位，我已經告訴你有個蓮位要賜給泉成，那就是回答你還沒開口的問題了！聖駕再出：

苦無香火衣亦履
苦未離

叔叔目前正為無人祭祀敬拜所苦，同時連衣服鞋子也都欠缺，苦不堪言！命我們要妥為準備。開壇那天，我的五叔正好也在大殿為武財公服務，還未退駕，我便急著轉述給他：神明不忍四叔無人祭祀超拔、又苦無衣服足履、更欠缺財帛所費等困頓，五叔瞪大眼睛頻頻回說真是這樣沒錯，並頻頻讚歎武財公真是大慈大悲、大神大道啊！

回想起當初四叔進武德宮工作，雖然是為了謀生而非發自本身的信仰，但既然有此因緣進入善門、進出寺廟工作，日常裡免不了的瞻視神佛、灑掃殿堂，一舉一動都結下因緣。就如《地藏經》裡說的，「一瞻一禮、一沙一塵、一毛一渧，都悄悄的累積善因，並終究回報予自身。」生命的終了，有幸藉此毫髮因緣，蒙神恩眷顧才能渡離苦難，見聞者若有覺知，怎能不及早幡然醒悟，精勤累積善因，消極者以資救拔，積極者更能早登善處，受勝妙樂！

天官賜福篇

歲次庚子年
天官賜福
北港武德宮
五路武財神

拾捌 財神送子，李門德興洪府誠

在內壇，除了處理過驚心動魄的重大急難、一擲千金的投資指引，也有一些溫馨可愛的小品。在武德宮，有人求得財富、有人求得健康、有人求得姻緣，你可知道，也有許多人一舉得子，求男得男、求女得女嗎？

李門德興添二丁

民國一〇五年四月的某日，我的好友、拉菲爾珠寶的黃建立黃董來電告知我，稍晚會有他的一位小老弟帶著一團年輕企業主前來武德宮參拜，若我在場再麻煩我接待一下。由於那天我人就在宮裡，便爽快的答應了。這位帶團的小老弟姓李，我跟他有過數面之緣。他們一行人搭著遊覽車到宮裡參拜完，我便帶著大家到各殿走走、導覽一番，接著便帶去樂咖啡小坐。席間，我有稍微提到武德宮扶鸞以及一些內壇的神蹟與趣聞，大家也聽得興味盎然。而因為他們接下來還有其他行程，因此咖啡喝完，約莫也該啟程了。動身前，團長李老弟突然湊上前悄悄問了我：「安樂兄，我想請教一下，這財神爺開壇，如果說……，嗯，像是求子之類的事情，也可以問嗎？」老弟補充說明，其實他已經育有三女，而且幼女還未滿週歲，但因為家中長輩仍是殷殷企盼，他跟太太能力許可的話還是希望能再努力一下。我平靜的回答他說：「嗯，根據經驗，這的確是可以喬，有機會說。」

沒想到才隔了幾天，四月十五日、農曆三月初九，上午這位老弟突然來電，想問問我最近哪時有開壇，他有事想當面求財神爺。「是什麼事呢？」我好奇詢問。「安樂兄，上次跟您提到求子的事情，如果是已經有了……，再來求的話，還來得及嗎？」原來，老弟的太太，又有喜了！在已經有喜的情形下，還要求一舉得男，這可行嗎？我思索一下，其實好像也有前例可循，也就是……，我自己。

我們家老大是女兒，而就在我老婆懷第二胎時，每逢有回到廟裡、舉起香時，即便平常都沒什麼事情要求請的我，也不免開口向老闆拜託：「師尊啊，弟子已經有一女了，如果可以，這胎請賜給弟子一個男孩吧……。」每次都像念經一樣不厭其煩地說。就這樣，等到懷胎三個多月、某次去醫院產檢照超音波時，醫師就順便給了個「應該是女的」的附註意見。

雖然被潑了冷水，但因為是仍有不確定性的附註意見，我也不理它，回到廟裡還是繼續開口閉口：「請賜給弟子一個男孩吧！」我依然這麼機械式地持誦著。等到十六、七週了，因為老婆的年紀被建議要做羊膜穿刺，我們便找了台北著名的柯姓名醫，做羊膜穿刺當天也照超音波；超音波自然是當場說明，而羊膜穿刺的結果則要等一週後。不過名醫畢竟是名醫，才用肉眼看了看超音波，馬上說：「恭喜啊，是個千金！」名醫並要我們對他的判斷放心，他經驗老到，不會失準的。老婆當場鬼笑看著一心求子的我，我依然不太理會，「畢竟還是有看走眼的機率」，我心裡這麼安慰著自己。因此即便在那週，回到宮裡我依舊機械式地繼續誦念著：「師尊啊，請賜給弟子一個男孩吧！」一週後，結果揭曉，Bingo——男孩！

好，我已經搶了主角李老弟太多篇幅，回到那天的對話。彼時已接近中午，我跟人還在台北的李老弟說：「你現在有辦法趕下來嗎？因為真的很巧，今天晚一點、大概兩點多就要開一壇。」老弟才想沒幾秒，馬上跟我說他會立刻帶著太太搭車趕下來！聽到這，我內心有個預感「成了！」怎麼說呢？其實，人沒有什麼可以給神的，沒有什麼能力可以增益神的，因此要感動神靈、要神明點頭相助，憑的就是一點心罷了；我剛剛，看到了那一絲誠意。

當天會湊巧有開這壇，是因為原本有一個素不相識的臉友，一加臉書就馬上要求我們協助處理一件衰老久病的案例，加上宮裡要請示圓醮事宜，因此我才安排此次開壇。等急事處理完畢，老闆寫了個「請」字，我轉頭示意老弟伉儷可以上前問問題了。不過，他們還沒走到案前，老闆就開始振筆疾書了。「德興」，哦，會不會是說這老弟品德不錯？老闆又寫了，「李德興，弟子門」嗯嗯，應該是在說這李老弟品德不錯，要收入門下弟子嗎？老闆頓時加大力道跟速度（微慍的意思，也就是沒猜對），「派陽稱，名德興」，喔喔！真的懂了，老闆在派新生兒的名字了，用德興！我跟老弟說：「不用求了，謝恩吧！老闆連名字都取好了，恭喜，一定是男的！」李老弟夫婦還在狀況外，稍作說明，他們馬上從不可置信到又驚又喜，雖然連開口發問都沒有。對於老闆信誓旦旦、未稟即出，我自然也信心滿滿，只是賢伉儷雖然才剛到，也只能請他們回去靜候佳音了！

果然過不久，端節過後，佳音到了。某天，又是接近中午時，接到了老弟的電話：「安樂兄，幾時上來台北？有好消息要報告啊！」又是這麼碰巧，當時我人正在疾駛

的高鐵上快到台北，因此十來分鐘後，我已經坐在老弟車上了。他興奮地告訴我，這次懷的是雙胞胎，並且一個已經確定是男生（也就是李德興啦），另一個還未能確定，但已經讓李家全家老小都開心不已。不一會兒，拉菲爾黃董也到場，聽到這個消息，大家都替李老弟覺得開心。但事情還沒完，不到一個月，再一個喜訊傳來，另一個也是男的！三女兩男，恭喜李府！至於後來的那位男孩要命名啥，就得靠老弟他們自己去傷腦筋了！

洪府誠誼業再興

類似的案例，在己亥年（民國一〇八年）我又遇上了一回。我的特助洪揚恆前一年與嘉義縣陳文忠議員的千金嘉珮結為連理，這可是主委第一次當媒人。主委出馬一定妥當，揚恆娶得美嬌娘、嘉珮嫁到好老公，兩人也認為是武財公牽締良緣，夫婦倆都對師尊十分信服，許多事若沒有經過武財公裁示，他們不敢妄作決定。

己亥年四月十九，國曆是五月廿三日，那天下午有內壇。揚恆與嘉珮前來問事，主要是為了婚後要定居新港，想置產買間自己的房子，拿了中意的標的要來請示武財公。當天因為有其他病苦者來尋求指引，因此輪到他們夫婦時已經接近尾聲。小倆口恭敬的呈上房屋資料，武財公已經出了兩句詩文：

吾引門生入門戶
子兒先賜花正紅

白話就是：這房子是我引你去找到的，不過我現在想跟你說的是我先賜給你一個兒子了！這不是答非所問啊，這根本是要五毛給一塊，天大的喜事啊！我強烈懷疑都是因為找了個太有福氣的媒人所致！退駕後，嘉珮才透露，其實前一天，也就是五月廿二日，她才自己用驗孕棒驗出兩條線，而她也安排在兩天後、也就是五月廿四日要去照超音波，做進一步的檢查；沒想到這喜訊，讓武財公搶先給認證了。但，所謂的進一步檢查，事實上還落後了好幾步。廿四號當天的檢查，最後還照不出有胎兒，是又過了好一陣子，才能確認有喜，又再過了好一陣子，才確認是帶把的男孩。神無戲言，子賜門生啊！同年，農曆十二月廿九日，己亥年最後一壇，嘉珮已將臨盆，揚恆剛好前來向師尊辭歲賀壽，上前時聖駕主動出了句：

誠誼興業官再延

細問下去，原來武財公已經幫即將臨盆的新生兒取好名字了：洪誠誼，此名可以讓家業興旺，也讓外公的官運再繼續延續。夫婦倆後來順利搬進了當初武財公牽引而去的那間房子，也用了武財公在那一壇指示的數字順利殺價成交，而洪誠誼小弟弟目前……，也被養成健康活潑又……嗯，斤兩俱足的米其林寶寶囉！再次恭喜揚恆與嘉珮！

揚恆、嘉珮賢伉儷與健康活潑的兒子誠誼

拾玖

萬人之中點潘女，鳳山過嶺賜三元

農曆春節時，武德宮每天都湧入超過十萬人次的香客，人聲鼎沸，香雲繚繞，在黑壓壓的人群中被推著魚貫前進時，你不禁會問，「這麼多人，財神爺聽到我、看到我了嗎？我的祈願，神明都知道嗎？」接著要說的鳳山潘信女的真人實例，可以回答你的疑問。

戊戌年（民國一〇七年）重現神蹟。戊戌年的大年初一，祖廟按例於卯時一刻（清晨五點十五分）開廟門，並開壇請武財公降賜當年的年運籤。負責公籤、也就是揭露給一般大眾看的鸞文，主筆的是南路武財公，我則隨侍在中路老武財公的案桌旁。公籤通常是通用的、概括的，內容既正面光明但又含蓄委婉，總之就是沒法讓很多人看懂，各自體會，有緣者得。而中路老武財公則不太對外，只針對主事與核心信徒開示，不太跟你舞文弄墨，單刀直入，說完走人。

聖駕甫至，先降頭籤：

天功積德唯本性
官護庶民唯正義
武才賢生推上倉
財鄉出賢官二兩
神威再顛藍向紫
岸對口連唯途示

出完頭籤後，接著紛紛叫了三才生、資深門生吳董以及陳總幹事上前，各自開示了一段詩文，有的提示身體、有的講當年的家運、有的只對他談修行，最後也講了戊戌年的大致年運。就在我們以為都交代得差不多時，聖駕又突然動筆，寫了兩句話：

潘女帶命歸吾門
鳳山過嶺賜三元

寫完，隨侍在一旁的三才生、也就是我與副總幹事，面面相覷——為什麼不是「翻山過嶺」而是「鳳山過嶺」？又，這個潘女……，到底是誰？按照過去經驗，這個人，通常就在現場，問了問武財公，是要傳喚這名潘女嗎？曰「是」，這下慘了！正月初一開廟門，財神祖廟大殿的紅龍外，視線範圍所及都是滿滿人潮，到底要從哪兒找起？我繼續看顧濟世案桌，把這個尋人任務丟給一旁的副總，讓她想辦法去把這個潘女從人群中給找出來。毫無頭緒的副總轉頭看了封鎖線外離她最近的女士，只好上前亂問一通，「請問妳是不是姓潘？」「不是！」「在場有人姓潘嗎？」副總對著封鎖線外前排的人胡亂喊話，人們也毫無頭緒的回看她。

可能是大清早還沒睡飽，武財公這突如其來的腦筋急轉彎，大家都不知道如何反應。這時，副總突然靈光一閃大叫一聲：「啊！主委，你臉書上不是有個好友『Apple Pan』嗎？」「啥？」「Apple Pan啊！我記得是你的一個臉書好友還是臉書信仰聯誼會的成員。」副總講得很肯定，我一臉茫然還沒反應過來。副總不管我，當場就拿起她的手機打開臉書並找到了這位「Apple Pan」，我看完還是一臉茫然沒什麼印象，不知道為什麼副總這麼斬釘截鐵。副總繼續查了查臉書，突然大叫，「天啊！這個人真的在現場，她幾分鐘前有在武德宮打卡！」這下子大家真的都被電到了，振奮不已，我忙說趕快連絡！副總拿起電話就透過臉書通訊撥打過去，並且也不管三七二十一，劈頭就直接問對方是從哪來的，當聽到「鳳山」二字時，我的眼淚差點噴出，副總興奮地告訴潘小姐，她被武財公點名了，趕快到大殿的濟世案桌前。幾分鐘後，一臉訝異的潘小姐與先生出現在大殿，我通報師尊說潘女已到，師尊隨即出了「吾門」二字，潘師姐不解，我們解釋說，師尊將妳收入門下了！

功積財入敬吾門
再添寶氣回歸吾
此年貴財盈滿門
唯心敬吾再見汝

白話翻譯一下，意思是：「功果到了、財入庫時，記得回敬師門，這個感恩回饋會讓妳再添寶氣，今年會富貴財富盈門，但妳要心存敬意，我才會再眷顧妳。」由此可見，這位鳳山潘女接下來會進財、事業頗有斬獲，要懂得感恩師門，心存敬意。退駕之後大家閒聊，細問之下進一步知道潘小姐前一年才迎請武財公回去，隔年大年初一一回來便獲師尊特別關愛提點，相信接下來事業勢必暢旺無比。

潘小姐與先生從事食品加工業，尤其以雞精為主力產品。從戊戌年這一次被點名之後，就與祖廟保持有很好的聯繫，我們也就這樣看著潘師姐一家從年輕人自行創業的小工廠，幾年間迅速發展成通路擴展到多國超市的中大型食品加工業者。而武財公果真是慧眼識人，鳳山潘女默默無聞時也好、飛黃騰達後也好，仍一本初衷，飲水思源，並時時回敬師門，也難怪神恩不竭，積善之家慶有餘！

貳拾 半利、半再利，我所認識的日圓先生

「你知道，在整部《財神經》（《金龍如意真經》）裡，沒有講到一個財字嗎？」

這是好久以前一個師兄跟我討論時問我的，我非常認真地回想後，嚇了一跳，真的耶！丙申年（民國一〇五年）五月初六，信眾來問事時被訓示的這首詩，寫得非常淺白，但我覺得寫得太好了！不僅回答了為什麼《財神經》不講財，也相當程度的反映了武財公用財引人入道的中心思想：

天官武財神聚寶盆

天下錢財得有數
吾當視合緣才施
命中運業從果來
不取偏得正道法
德福不足不取偏
功果有滿吾施寶

非常白話！如何得到武財公的財？「合緣才施」，那誰合祂的緣？好人、善人、有心人。「命中會有什麼運勢業報，那都是過去種的因所生的果。取正財才是正道法，福德資糧不夠的人，拜託你，就別老是想著偏財了。多累積功果，武財公才會疼愛你，賞你財寶！」懂了嗎？所以現在你知道為什麼整部《財神經》裡，沒有講到一個財字了吧！因為，祂要教你的是正道正法，要教你修福德、要教你積功果，當你滿腦子想的不是發大財、而是讓自己變好還要更好時，恭喜你，財神爺已經開始欣賞你了！欣賞你這還不「合緣」嗎？合緣還不「施寶」嗎？所以囉！你，處理好你自己；財，祂處理，那麼《財神經》裡，還需要講財嗎？

不過，本書畢竟不是《財神經》啊，所以如果沒有篇章稍微交代一下「財」的部分，恐怕會令不少人失望。

功果有滿神施寶

我在內壇跟武財公求「財」的經驗與心得，正好就是前面詩文的一個呼應。甲午年時我忙著籌備大醮，丟著公司不管，投資從主業變成副業，最後變成幾個月才有時間進公司一次。台北八德路近百坪的偌大空間，以租金來看，算算每次進去「辦公」，使用費就花了數十萬，還不含人事與例行開銷⋯⋯。但建醮任務在身，也沒時間管了，更別提還有美國時間看盤或進出部位了。但，武財公是不會佔你便宜的，就在「宮」而忘私之際，一次內壇、聖駕退駕前，突然連出了四組數字、每組四碼，幹嘛？股票代號啊！

哇賽，原來大老闆是這種作風啊！我默默的收下，沒問進場與出場價位，先進一些再說。那時候剛有內壇、剛在濟世案桌旁服務，神人尚未相習，也還有點忐忑，因此也沒有重押，但未及一個月，竟紛紛都有了二成到四成五的漲幅！那時一方面頗為驚喜，想說不愧是財神爺，隨意講幾組數字便化成財富；但一方面也非常扼腕，氣自己當初怎麼買這麼小力！不過，從彼時起心裡便有點有恃無恐，認為反正撿到一隻金雞母了，只要等著它下蛋不就行了！越是有這樣的想法，其實就離它越遙遙無期。接著有將近一年的時間，武財公都沒有再主動提示投資標的，甚至連有時主動探詢，神駕還彷彿刻意忽略、已讀不回或置之不理，那時候覺得，神意怎麼如此難以捉摸？怎麼這麼忽冷忽熱的？其實，那是我還未體悟背後的道理：「功果有滿吾施寶」甲午年建醮，主委為此殊勝的聖事全省辛勤奔波，老闆看在眼裡，怎會不慰勉你一下呢？聖事既畢，大家頓時失去重大的目標，日子又開始閒散起來，既無功果福德，又怎能奢望這種天上掉下來的財富呢？現在想想，也是從建醮圓滿之後，老武財公就開始循循善誘，讓大家在平日也能精勤修習累積功德；師尊在內壇常叮囑三才生平日要開始持誦經典，起先是交代三經：《金剛經》《心經》《財神經》。幾年後，大家三經通熟，《法華經》《楞嚴經》也開始出現在武財公交代的課業中，並且水懺、梁皇、乃至法華功德，都變成宮裡常見的法事科儀。

直到民國一〇五年初，一過農曆新年的正月初一，按例要在開廟門時降駕開示年運。師尊在提示完年運後沒有退駕，而是出了「林主」把我叫住，我又回到案桌旁，武財公出了個字，筆畫蠻明顯的，中文字一半的「半」，於是，我跟筆生達哥同時間念出了「半」字，但老武財公繼續寫這個字，我們遲疑了一下，囁囁的再說：「半」，講完，老武財公又寫第三次，那肯定不是半了，我看懂了，笑著說：「弟子明白！」武財公才終於肯繼續寫，寫了個「利」字，那時鬧了個笑話，我們的記錄上寫著「半利」，其實武財公寫的不是中文字啊，祂說的是「￥，利！」日圓有利，叫我去做多日圓！我以前沒做過日圓期貨，花了點時間研究契約規格就下去布建部位，非常快的時間就真的獲利了結；三月下旬，又一次內壇，也是又叫了「林主」上前，又指示「￥，再利」，我們老實的達哥真的也在記錄上寫著「半再利」，後來大概一週後，果真因為日本央行理監事會的決議出乎市場預期，日圓強彈一波後、我又獲利了結。但那年，最大的一波，還是在幾個月後英國的脫歐公投「BREXIT」，那可是那一年的全球最大事吧。公投的前兩週，我還記得是一個在北屯昌平路開壇的下午，

聖駕在處理完事情後，突然心血來潮又叫了我上前，這次，又寫了個半字，天啊！又要指示我日圓，對我也太好了。但這次，武財公可不是只寫個「利」字，祂寫了「102，瞬破」，什麼意思？這是相當內行的報法，當時 JPY／USD 印象中約略在 0.0093 到 0.0096 的範圍，因此武財公提示我的意思是，日圓將會狂升到 0.0102 左右，而且是瞬間刷過，意思是把握那個瞬間趕緊出脫。但，該提示的點位跟當時的市場水位差距實在是瘋狂的遠，我嚇傻了，不知道這世界是怎麼了，到底接下來會發生什麼事，竟然會有這種巨變？直到英國脫歐公投通過，市場當日劇烈的反應，日圓瞬間狂升逾百分之七，我才恍然大悟。當年公司過半的獲利，就在那十分鐘的激情反應下入袋了。這才讚歎神聖次元之高，不只貨幣、金融市場都在祂指掌之中，其實整個娑婆世界在時間軸的未來投影也都瞭然於心。

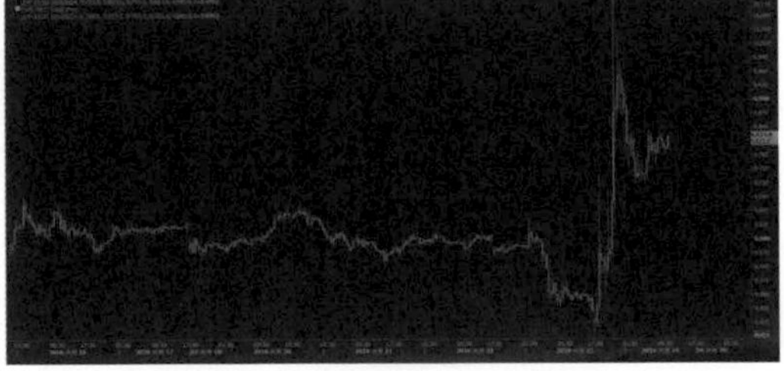

當時「瞬破」的日圓走勢！

接著幾年，在宮務上，武財公還是維持著一年交辦我至少一件大事的頻率，在年年都有繁重任務的籌備下，原本進出頻率就已越來越低的投資部位，忙到從「副業」又進一步荒廢成了「興趣」。過去做交易是我的本業，是養家糊口的吃飯工具，但在年歲漸長、衣食無虞，生活都還過得去後，對於追逐操盤獲利與績效，就不再像過去的熱衷與汲汲營營了。此時，舉家也已南遷台中，定期的高鐵往返北上，感覺只為了陪同事上班，在蠟燭兩頭燒之下，趁著租約到期，我不續租、直接結束了台北的辦公室，遷往台中；後台的同仁則改遠距上班，只需要定期出報表予我即可。

公司移往台中，我花了更多時間在宮裡以及宮務，尤其是鸞務。接觸得越多，對於武財公開壇濟世的大願，體悟越深。我興致勃勃，也費了相當的功夫在鸞文的整理、典藏與電子化，常常三不五時就把過去師尊的開示、闡述拿出來反覆欣賞咀嚼，甚至抄寫。內壇所告誡的事情，我不敢逾越；內壇所叮嚀的事情，我謹記在心；內壇所交辦的任務，我使命必達。一直到現在，我每週進宮裡只為兩件事，一是開幹部會議，另一就是逢九內壇面見師尊。

民國一〇九年，新型冠狀病毒（COVID - 19）肆虐，金融市場歷經歷史上從來沒見過的凶險，在美股兩週之內就發生了三次大跌熔斷時，股神巴菲特說了：「他活了八十九年還是第一次遇到這種事！」才說罷未久，又發生第四次熔斷……。美股主要指數在一個月內重挫逾百分之四十，遠非金融海嘯時可以比擬；而原油殺到一桶跌破二十美元，連疫情不大的台灣股市也從一萬兩千點重挫至八千五百點，在如此恐懼的市場氛圍下，農曆年後的一次降壇，武財公退駕前寫了個字給我（￥），我點點頭（又來了哦），聖駕再示「循入」，也就是慢慢建部位。三週後又再開示可入黃金，這一次的日圓，低點接近 0.0090、高點幾乎是 0.0099，黃金也彈升至歷史高檔 1788.8 的水位，雖然算不得是什麼了不起的獲利，但在這波人人互相踐踏的金融市場殺人潮裡，可以一直抱著多單卻還持續獲利，沒有神明眷顧哪來這種洞見呢？

一個武德的前輩曾經說過很多典型武德門生的心境變化，直到這個年紀才有他當年的體悟。他說很多人拜武財公，一開始都為了財而來，武財公的道也很有趣，祂以財引你入道，這是祂的法門。年輕的時侯，人們都忙著打拚事業，可能因為事業剛起步，可能因為工作不順，可能因為工作無著，可能因為負債或被倒帳，總之都為了財、為了事業而終日惶惶，內心需要一個依靠，所以來信武財公。誠心信奉者，隨著時間、隨著努力，情境慢慢轉變，心境也慢慢轉變。他說，年輕時一把香拿起來，祈願很多、長長一串，武財公先以財應你，讓你感興趣、讓你知道祂確實存在真實不虛，漸漸地，你除了得到祂的財，你也得到祂的道、祂的教化。當你衣食無虞，事業順遂，家庭和樂、甚至兒孫滿堂時，你一把香舉起，再無所求。他說了一句名言，「當你無所求，祂則無所不應。」祂依然照看你、關懷你；在你不足時，祂補足你；在你疏略時，祂提點你；在你危難時，祂拯濟你。我很喜歡基督徒說的：「神對你，有個安排。」行腳的時侯，有些人來求天大的事，聖筆一揮馬上說「可」或「吾允」，反觀有些求的事情容易得多，馬上被回了「何求？」「何功何德？」今天你精進了、用功了、完成了若干事物，你功果到了，那麼，祂對你也會有個安排、有個獎勵，包括世間財。

朋友們，本篇看完，希望你也能自此接引到生命裡最大的財富！

貳壹

北京北港萬里一瞬

在有些人還在為究竟有無神鬼的存在而做愚蠢且激烈的爭論時，有的人早就在生活中習以為常的與神靈相處、溝通、領受教導，甚至接收命令辦理事務。我所記錄的這些內壇見聞，除了第一手記載了神人溝通的內容，透過這些記載，也等於進一步對於這些至少高你一個維度的智慧，祂們的初步樣貌、表徵、性質，甚至這整個表象世界背後的真實狀態，有初步的了解。由此也可以知道，討論祂們存不存在的問題，究竟有多不智了！

我們常說「呼請」或「拜請」，據我們長久與無形世界的神靈共處的側面觀察，表象世界看起來的實質距離，對於無形世界的神靈們來說，似乎是不存在的、虛擬的。再遠的距離，一經呼請，都須臾即來，無所不在，並且屢試不爽。我先隨便舉個例子，鸞生蔡師姐在甲午年年底訓鸞結束後，武財公交代要「敬祖」，也就是要回蔡家祖宅稟

告祖先：這個蔡家女兒即將出任武財公的鸞生了。此為重大事件以及訓鸞的里程碑，管委會十分重視，因此在蔡師姐敬祖當天，宮裡重要幹部都到了，陪同蔡師姐向先祖稟報。那天，大家見面寒暄完，準備敬祖；點了香，眾人先至中庭，由秘書長任司儀，對天先呼請武財公蒞臨做主。才一拜請，雖然奮力壓抑抵抗，但師姐還是隨即狂作嘔，立刻有極大的生理反應，看過這場景數次的我們習以為常，但師姐的雙親可就嚇得不輕，畢竟是第一次見到自己女兒有如此反應。不過由此也可見，現實世界的距離，對於神靈，都是一瞬間、都是須臾即可到達。

如果你對上例沒有太大的感覺，也很正常；那麼，我想開始進入這一回合的見聞後，將會是一個更顯著、更強烈的例證。

民國一〇六年四月下旬，我當時經朋友建議前往北京做一個幹細胞的療程，要在北京停留近半個月。由於家人也沒去過北京，因此那期間的一個週末，她們便搭機來北京與我會合小聚，並且全家一起出遊到處逛逛。而為了方便我在北京市區裡活動，那陣子朋友也很貼心地幫我包了台車、含司機，我還記得師傅姓曲。

事發那天是四月廿二日星期六，全家中午吃過午飯出了飯店，打算前往故宮遊覽。以下就是當天所發生的事件、依時間順序羅列：

14：30北京

午飯後，曲師傅載我們在擁擠的週末車潮中前往故宮。由於入場故宮前要先經過安檢的程序，而到現場後，師傅發現故宮正門光是排隊等安檢的隊伍就長到快看不到盡頭，他便勸我們別從正門進去，他印象中後門也有售票，也能入場，便熱心地改載我們到後門神武門下車，以避開正門的人潮。下車後，我們在後門找了許久，卻一直都沒找到售票處與入口，直到後來我看到旁邊一個告示才知道，後門神武門其實從二〇一一年底之後就只給出不給進了，入口一律要從前頭的午門……，這師傅果然是老北京，太久沒進過故宮了。沒辦法，只能再回到前門入場了。但這偌大的故宮，要從後門走到前門，距離太遠，大熱天沒法如此跋涉，我便又打電話叫師傅再回頭過來載我們到前門。

15：00北港

就在同一天的下午三點左右、幾千里外的北港，幾位信徒、包括北台的核心志工阿梅，此時正在祖廟開內壇，恭請老武財公聖駕處理從惡性腫瘤到無形事等疑難雜症。

15：00北京

同時間的我，正好不容易在大塞車當中，在故宮後門重新坐上車，慢慢繞回前門。在擠往前門的車程上，曲師傅開口說了：「林董，故宮每天有入園人數上限，我們現在折回前門，可能都已經要三點半，說實在算晚了，我是怕你們過完安檢再去買票，折騰老半天，萬一正好不幸入園人數已經頂到當天的限額，你們就白忙和了！」師傅強烈建議我今天乾脆別進故宮了，改天早一點再過來比較保險。想想也有道理，怕倒楣真的白跑一趟，悻悻然的我也只好趕緊想備案。查了查地圖後，我跟司機說不然改開往頤和園好了。但，週末的北京交通可不會讓你這麼從心所欲，往頤和園的車流也塞慘，移動相當緩慢。看著時間一點一點經過，車子卻沒啥動靜，實在太令人焦急，就在塞得心急如焚時，往車窗外一看正好經過一處景點叫「北海公園」，可能是本著「沒魚蝦也好」的心態，我當機立斷趕忙轉頭唬嚨妻小說：「欸，這公園也很好玩，下車！」於是全家就從原本的故宮改為頤和園後，又馬上急轉直下往北海公園去了。

15：30北港

在內壇開壇濟世到一半時，老武財公突然自出了以下幾句：

陵嚴佛寺不可入
傳知林主必達意
非佛亡靈是非地
速傳

寫得很清楚，不是要給現場問事的人，是給幾千里外人在北京的林主委（也就是我），叫主委不能進去某個森嚴的佛寺，那裡面沒佛，是個是非地。由於還在濟世中，筆生達哥有把這事放心上，只是他沒想到，「速傳」竟要這樣速，否則，很快就錯過了……。開壇時因為聖駕出筆都很快，達哥都只能先潦草地速記，並在退駕後再工整地謄過一遍，以此存查，事後比較不會難以查閱及辨認。因此達哥原本心裡是打算退駕後謄寫完，再「速傳」給我的。

15：45北京

此時我們全家進入了北海公園，一進門就看見前方有個小島，島上有座小山，山上有個佛寺。「走！來去逛逛！」我努力帶動氣氛喊著，於是全家開始往佛寺前進。

佛寺有三進，最後面還有一個白塔；階梯加起來一、兩百級，爬上去已經氣喘吁吁。前兩進看起來無異於一般佛寺，供奉的，嗯，就是常見的面孔。不過，走到第三進，大殿裡供著的三尊雕像就比較特殊囉，中間是宗喀巴、兩旁則是達賴與班禪，後方白塔則為藏式喇嘛塔。清代時由於蒙藏地皆信藏傳佛教，喇嘛僧侶與喇嘛教在政治考量下，極受推崇，也因此有此種混搭或大融合的設置。但平心而論，這風格實在是有點……特別，並且，你知道的，就是覺得有點……「森嚴」感。

17：00北京

我的手機約略是在這時候沒電下課了，我們也逛完北海公園，慢慢往后海的方向走，繼續逛逛。

17：20北港

退駕後，筆生達哥開始整理文字，重新工整謄寫一份鸞文，針對當中要速傳給我的部分，請同事韋成在17：22用Line傳了過來。不過，由於這時我的手機已經沒電關機了，我在當時無法看到也不知情。（不過這個「速傳」實在不夠速，即便手機此時還有電也來不及了！）

22：00北京

晚上回到飯店，我手機充過電後開機，很快發現到有同仁傳Line訊息。一看內容，不由自主地瞪大眼睛並輕聲爆出了聲「語助詞」，這個語助詞有兩個涵意，其一當然是有點小小的遺憾，其二則是大大的驚歎！遺憾的是這麼有時效性的事卻沒有馬上通知我，而終究讓它發生了；驚歎的則是，推算時間，兩件事情根本是同時間發生的，亦即我臨時起意的北京北海公園行程跟北港開壇的時間是重疊的，而我要進佛寺前的時點，也正好就是武財公濟世到一半突然自出要人提醒主委不得進入那陵嚴佛寺的時刻。兩地相隔三千公里，武財公竟能在邊開壇處理重大病苦時又瞬間感知掌握數千公里外的門徒風險，並且還能及時在入寺前瞬間提醒，雖然最後同仁們沒有意會到

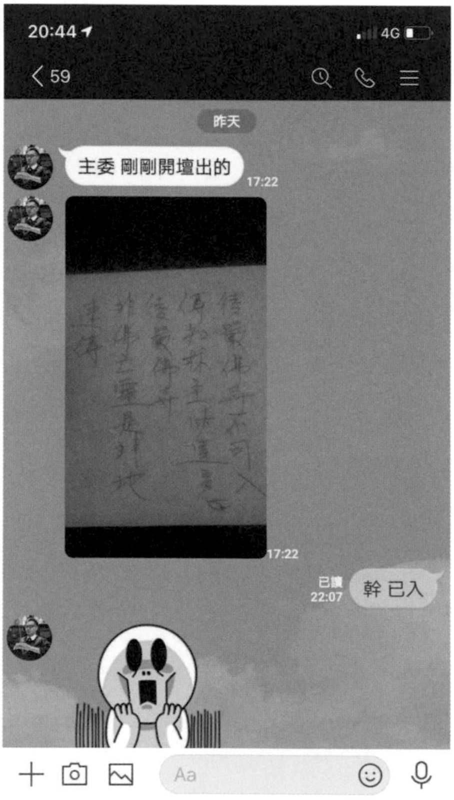

「速傳」真的是要立刻傳而錯失時機，但仍讓我對神駕的瞬間感知與多工處理能力驚歎不已。

而回顧那間佛寺，清亡之後就等於無主，之後便充公、香火也斷絕近百年，文革時期更是完全封閉了十餘載，之後才再開放成為觀光景點並收取門票。重啟時，我想應該也沒有那些老老實實的科儀、意誠心正地請回聖靈，也無高僧或神職人員主持；偌大的宅第，百年無人監管，若有無形的朋友棲身住宿也許是可以理解的現實。不過，這不是本文要探討的重點。

像上例這種神駕多工處理事情的趣聞，內壇其實也屢見不鮮。有時濟世到一半空檔時，武財公會心血來潮突然對某些人做出評論，有時是對人貪心不足的祈願嗤之以鼻、有時是談興開了說某人與祂有宿世因緣，有時則只是閒聊描述一下某某某的人品與習氣。而被評論的某人，常常在問了半天後，才知道其實只是開壇當下偶然經過並正在附近上香祝禱的某個信眾，由此在在顯露出，神靈能同時感知及處理多地多人與多事，無所遺漏。這不就像佛告須菩提：「爾所國土中，所有眾生，若干種心，如來悉知。」嗎？而神駕的呼之即來，是否也像是祂隨處都無所不在，「無所從來、亦無所去」呢？

貳貳

武財公的神格演進

一直以來，道教許多典籍都有這個毛病：不知道出處、不知道編者作者、世界就是它說的那樣、沒有根據、沒有參考資料、只此一家它說了算，死無對證難以驗證、從旁觀察卻未得證，但後世就一直援引（應該說是誤用）這些跟神話一樣完全不知道從哪來的文獻，而扶鸞問「當事人」的結果，卻是大相逕庭。為此，當兩者有所出入時，我寧可相信有親身經歷、有大數據、有廣大群眾基礎的扶鸞結果。當然，這裡我說的是我們家的扶鸞。

在中路老武財公還沒復鸞之前，我只能請示南爺公，而我是逮到機會好奇就問，一問就要問清楚、問個沒完的那種人，因此之前包括佛道的地獄論、宇宙生成、三魂七魄的功能等，我都曾經在南爺的公壇閒暇時上前問過祂。老武財公復鸞之後，我有機會常常親近開基正主了，更要抓住機會挖刨出一些秘辛。在甲午年年訓鸞期間，起初都由不同的武財公來降，農曆八月十七日那場則是開基正主老武財公本尊，在降壇的一個空檔，我有點不長眼的直接插話就閒聊起來，我問老武財公說：「之前來降的武財公，說祂在任武財神一職之前，曾在某個菩薩處負責文書與傳遞訊息的工作……」話還沒說完，正主便略帶慍怒地出了一段文字，說明了祂的神格與職掌：

戰將功伺天下財
菩薩稱友二千年
緒元光明載金龍

九節鞭為武財神最廣為人知的法器

說的是祂職責乃主掌天下財，而祂跟菩薩稱兄道弟已經兩千年了！意思是祂早在兩千年前就已等同菩薩格，弟子卻還以「菩薩的部眾」與祂相提並論，並不適切、也太不長眼，我這可能就是所謂的……很不會聊天吧！

而隔一年、乙未年的八月廿七日，內壇開到一半，聖駕出了三行字，呼應了女鸞不久前看到的一個瑞象：

耀同三尊佛祖儕
道印吾掌何未達
眾仙佛迎添榮彩

鸞生看到的瑞象，是武財公取了一個印，而法相也略有改變。法相的改變，包括武財公的神冠、戰袍以及祂的「光芒」，在晉升前後都有所不同，讓我想起了「哈利波特」裡，灰袍巫師甘道夫晉級成白袍巫師的樣子，晉級時身上還放光。對照鸞文，鸞生所看到的印，就是那個道印了。這本書一路看下來，其實讀者大概都能略知體會

神明與鸞生間微妙的訊號傳遞方式，這也跟手機接收訊號的方式雷同。我們肉體凡胎「看」東西，其實是透過將影像收入眼球、再經由視神經傳遞給大腦那東西的樣子；而神明讓鸞生「看」東西，就直接「啪」一下地送入她腦中，不用再透過這個維度世界的顯像傳送給腦了。

武財公簡單的幾句詩文透露非常重大且驚人的資訊量，不知道是否與甲午年年這科功德偉浩的大醮有關。首先是武財公的格，從兩千年來早已出離六道的菩薩格，在大醮圓滿的隔年、乙未年時躍升為佛祖的「同儕」，亦即與佛並駕；第二個資訊則是武財公目前「執掌道印」。執掌道印的意思，很重大，說出來也非常聳動，因此我打算用下一個發生在他處的案例來證實。

在民國一〇七年（歲次戊戌）的農曆十一月某日，師姐跟我說她做了個夢，她夢見一間以觀音佛祖為主神的宮廟主事身體快要出狀況，宮裡的神佛要助這個弟子免於病苦，特來顯化；夢中的另一個資訊就是，這間宮廟同時也有武財公的分靈。所以師姐便問我就這些資訊的話，有沒有印象，我可能當下沒太經過大腦思考，便直接搖頭說沒印象。

其實師姐問錯人了，主委並不常跑攤交陪，除了有重大交誼的友宮外，武德一脈或請有武德分靈的宮壇，我通常只有在非例行性的重大慶典時才會出席，其他時候都交由宮裡幹部或者武德各分區的會長帶隊參加，因此對於各地分靈的熟稔度，我遠遠不如第一線的人員。不過，我還是隨即把此資訊轉給幹部，問問她們是否印象中知道類似以觀音佛祖為主神的武德分靈；幹部果然比較管用，依照師姐所述，副總黃素居腦中迅速浮現了幾間友宮，最後透過私下打探，鎖定了位在高雄阿蓮的觀音廟。

觀音廟的陳主事在經過跟主神請筊後，確認果真是主神傳達意思予武德宮的鸞生，便在接下來最近的一次內壇、也就是十一月廿九日，來到老武財公案前。那天，武財公一到，並未降下頭籤，直接就出了兩句詩文直破：

龍骨不正隨借筆
仙友相呼助徒兒

連我之前沒見過陳主事，更別說鸞生。那天看陳主事上案前走路較不方便，我是事後才知道主事因小兒麻痺一直不良於行。而這「龍骨不正」對照本人的現況觀之，並非空穴來風。我們知道這個破題在講陳主事後，便請他入內。主事上了案前，武財公繼續出：

龍骨不治恐非行
仙位案非正格置
仙友示杯徒不疑
借筆提點格非置
龍骨病因非正藥

這有點嚴重，也就是「脊椎不正的問題會惡化，並無法治好，若不處理可能導致無法行動。」「神桌上的神位不是按正確的神格擺設。」「關於我所說的你可以向我的仙友請筊，你就不會懷疑了。」「這個夢境只是仙友借武德的鸞筆提點神格的錯置。」「脊椎惡化的原因並非醫學上或醫藥可根除的。」這已經點得非常清楚了，跟神桌上的神尊位置有關，而且武財公的仙友已經向陳主事事先示警希望他注意，防患於未然。筆生達哥便問了陳主事目前神桌上的設置，陳主事供奉了五位神佛，觀音佛祖居中，龍邊是三清道祖、虎邊則是天官武財神。看了看這個配置，我便懂了，的確是坊間一般會擺設的次第，而其實這也是陳主事安奉神佛的先後順序：先請了觀音佛祖，之後再請道祖，最後才供奉的武財公自然就被安置到虎邊。佛祖菩薩居正中，我認為是無礙的，可能就是武財公與道祖相互位置的安奉失了禮，因此武財公的仙友、也就是道祖認為弟子失了禮，應禮讓大邊予後來到的武財公，才出面顯化。我便開口請示是否如此，武財公便詳細說明了，神曰：

中主仙友正不疑
三祖旨非佔位先
吾格汝何言位置
吾掌靈寶印汝何
吾位在即友不置

「中尊由我的仙友觀世音菩薩來坐，這個沒有疑問。但以三位道祖所領的旨，並不能以先來後到的順序來排位，你覺得我的神格要放在什麼位置呢？我掌靈寶印，你知道嗎？因為我的到來，便使得我的道祖仙友不願再坐這個位置。」到這裡，狀況已經完全清楚了！內壇裡零星提到武財公掌靈寶印的篇章段落可能還有兩、三處，但我並未再一一翻閱，就且權以此例為證吧。

聽到這裡，陳主事當下有點錯愕，我們便再問武財公，是否請主事回去再向主神請筊，武財公出；「仙友示可。」一請主事回去擲筊請示再做決定無妨。這件事到此也就完結，內壇因為辦過太多人，來的時候我本就不識，辦完回去後我也沒空追蹤，不過為了撰寫這本書，我寫到此篇章時又趕忙私訊問了副總、打探一下她知不知道陳主事的近況；果真也沒問錯人，副總完全清楚事情的來龍去脈與後續發展。陳主事當初內壇請示回去後，隨即向宮內主神擲筊請示，所得結果跟祖廟所示相同，確認事由後，當時即迅速更換位置並重新安座圓滿。並且就在我跟副總私訊的前一天，陳主事還有回到祖廟來拜拜，狀況也很好，目前更在學甲要再斥資數千萬建另一間新宮。在此也預祝陳主事宮務昌隆、香火鼎盛！

其實除了這個旁證，在乙未年的隔年、也就是丙申年年底，我們要為這場百年大醮做圓醮，也就是醮尾了。圓醮是一個收圓收尾的動作，一般從科儀、到壇場、到主法高功編制、再到信眾參與，都是醮頭的零星與局部規模，但仍是當年的一科盛事，若說大醮花了兩年籌備，則圓醮起碼要準備個接近半年。丙申年（民國一〇五年）九月廿七日，距離圓醮要開香只剩兩個月，又是大典籌備如火如荼的時刻。那天在北屯開了一壇，老武財公突然興致大發，指示在這科圓醮圓滿後，要「笨港踏金磚」，也就是要在北港遶境賜財賜福，重點是要有「五十友」，我們看得懂意思，就是要有五十頂神轎、五十位神聖，起碼是四、五十間友宮，人數上萬的一場遶境。對於武德宮來說，要籌備一場萬人遶境並不難，困難的是時間，而且是友宮的時間。許多宮廟要動員贊境有交陪的友宮，都需要花時間開會討論決策，才能回覆主辦單位是否要參加。現在剩兩個月的時間，除了要把圓醮的事情籌備好，又突然要多籌備一場萬人遶境，當下又開始覺得「Alexander」——壓力山大了。但，就在那一壇，武財公要我們別緊張，祂說：

眾友出經遍地開
天文數敕傳遍里
自投名冊莫擾心

意思是天上公文已經傳遍，參與遶境者將「自投名冊」不用煩惱。果然，神威顯

赫，天上公文傳布效率驚人，才兩週時間，友宮加上武德分靈，已經超過四十家響應。那剩下的十家呢？驚人的就在這裡。此段時間，北從永和、南到屏東，都有仙佛在自家宮壇降鸞以詩文開示宮眾，要來武德宮參加「圓醮大遶境」，且當中許多宮壇，都是武德宮之前既不認識也無往來的，因此這科萬人參加、數萬人到場觀看的盛大遶境，其事前籌備，幾乎可以用「不費吹灰之力」來形容。

看完以上這些故事，希望除了能夠讓大家釐清武財公的神格，也要闡明兩點：首先就是三界之上、六道之外，階級、次第，都是非常森嚴的。另一則是，人，用刑罰律法，都不見得能約束管控了；但神佛，光一個「禮」字，也斷然不肯踰越，這，就是人與神佛之間，心量與修為的巨大差別！而由這些案例，我們也可得證，武財公所言，真實不虛，並非自說自話，一定能找到旁證。強者不屑說謊造假，大神大道更是真實無虛，正所謂：「此日月輪，可令墮落；妙高山王，可使傾動，諸佛所言，無有異也。」我從內壇所得的訓誨，不會有質疑動搖，但為了讓未曾深得神聖教化者有所參酌旁證，因此特地引述了此段故事。

貳參

經典、金紙與鑄幣

拿出一張紙，跟一萬年前的原始人說，「這張薄如蛋殼的東西，可以換取吃的、穿的、用的，不只讓你衣食無虞、還能有超多其他用途，可以當成財富累積、可以償還債務，更能驅使一堆人幫你做事。」原始人聽了，肯定捧腹大笑，覺得你頭殼壞了；但對近代的人來說，這再日常不過了。這張紙不是什麼神符，它就是一張鈔票，是交易與計價的工具；它之所以能夠這麼有用，是因為有具公信力的機關為它的償付能力背書。

有形的世界需要金錢，金錢雖然不是萬能，但沒錢常常萬萬不能。無形的世界裡，交易與累積財富的需求低了，但積點、計價與償付債務的需求可是相當暢旺呢！你流浪生死多次，會一直忠心耿耿跟著你的，就是你的債務，也就是你的業。你歷經輪迴，還了一些舊債，又增加了一些新債，因為一直沒有全數清償，一直留在這體系內處理債務、出不了境。每當你一次的旅程結束、回到來時處，首先面對的，就是索討已久的老債主、老面孔了。如果你身無分文，面對怒氣沖沖的債主，是怎麼也說不出你有誠意解決的；所幸子孫有孝，上路時化了財帛望你一路好走，所以你手頭上還是有點籌碼可以出來談事情，而一些也被人逼急的債主，願意接受以相當的財帛跟你和解（畢竟等會換他出去，他也要趕緊拿著籌碼再去跟外面等他的人處理一些事情），這對他而言是有價值的，前提是，不能拿假鈔，成色跟規制要對！不過，問題在於，金錢能解決的，通常不是太大條的債務；尤其嚴重的債務，人家通常不能接受金錢和解，畢竟可都是深仇大恨啊！況且，你在宋代的債務、在春秋戰國時的債務，再更久之前的，怎麼算利息？怎麼

誠心抄經，有助安頓身心，培養專注

用當今幣值衡量？要償還跨越時空的債務，有沒有跨越時空皆準的貨幣標準？有沒有一個放諸任何時空都準的度量衡？有的，那就是「時間」與「心」啊！

有錢人的一分鐘、窮人的一分鐘、六道眾生的一分鐘都一樣長，眾生平等之下，每個人發心花一分鐘應該要等價，於是神佛菩薩慈悲智慧，制定了一個方式讓你「鑄幣」（現代叫挖礦），這是一種放諸四海皆準、跨越時空都有效的虛擬貨幣，也就是「經典」。假如我是髮型設計師，我花三十分剪一顆頭鐘可以賺一千元，而我今天放下工作三個小時去誦六部經，表示誦這些經對我來說，我是願意犧牲六千元的價值去挖礦、去換取這種虛擬的貨幣，不過現在的六千元可能無法抵我在宋代欠人的罪孽，對方也不接受當今的六千元，但他願意接受我發「心」犧牲掉的三小時「時間」，願意接受我三小時持誦六部經典的功德，因為以這個放諸各時空都準的度量衡，他可以再拿去償還他自己跨期的債務。所以，為什麼誦經典有功德？為什麼可以累積福慧、或償抵債務？因為，起心動念之中也花了時間，這個跨越時空都一樣的度量衡，也有個具公信的背書者，就是該部經典裡所表彰的諸佛菩薩。其實，這跟貨幣發行的原理一模一樣，是誦經的經濟學、貨幣銀行學，也是諸佛菩薩慈悲讓眾生解脫債務的虛擬貨幣。

朋友們，你今天「挖礦」了嗎？

番外篇

桃園市九天

武德宮

貳肆

波瀾壯闊，史上最大科——眾神上凱道！

民國一〇六年七月廿三日，我在凱道上度過了一個難忘的生日——作夢也沒想到，這輩子會與上街頭的群眾運動扯上關聯，而且是帶著數萬人、帶著全省各地的宮廟團體上總統府表達訴求；作夢也沒想到，這輩子會受到執政當局從府院黨到地方政府的激烈攻擊、從網路文宣到地面動員的激烈交鋒，最後還有幸全身而退。這一切，看似是從我的一篇臉書抒發文引爆，接著像蝴蝶效應一樣，百多家宮廟前仆後繼接續響應，因而釀成一股波瀾壯闊的風潮；然而事後細細推究，卻不難發現，有一隻無形的手在背後操控運作，神意安排的鑿斧甚深，終成大局。台灣的群眾運動、街頭運動，儘管許多都舉著立意崇高的旗幟，但政治力與政黨運作的痕跡往往在其後明顯可見；而「眾神上凱道」，則是純粹來自民間、來自信仰中善良的人們，不約而同、一股腦地爆發所凝聚起來之一場純信仰訴求的運動。

遠因

談到這場盛大科事，遠因早在多年前種下，近因則是越來越密集的環保與信仰間的衝突。首先可以從超過十年前、各地的中元普渡紙錢，都被集中收至垃圾焚化爐與垃圾一同焚燒說起。由於金紙銀紙是傳統信仰裡要敬呈給崇敬的神聖與先人的財帛禮，將財帛統一收至垃圾焚化爐焚燒，無啻是叫神明與先人到垃圾堆裡去撿財帛，信仰最基本的恭敬心不只蕩然無存，更是對神明與先人的侮辱踐踏。如此的褻瀆，其實根本只消在焚化爐設立建造之時，規劃區隔出祭祀用的專區即可避免。這些對信仰的侮辱踐踏之所以產生，在於公部門與主管業務的相關人等，本身並無相關信仰，也未能以同理心深入理解傳統信仰所致。

民國一〇二年起，府城開始禁炮。一個文化古都，一個廟宇密布、一天到晚在迓鬧熱的城市，一紙命令下來後，從此廟宇出門只能在出廟與入廟時在自家廟埕放一小串炮意思一下，途中全程不得燃放。原本抬神明出去是熱熱鬧鬧、歡天喜地的事，突然搞得偷偷摸摸靜悄悄，絲毫不像吉事的行列，這讓許多府城廟宇敢怒而不敢言。

民國一〇四年武德宮建醮，宗教與民俗學界學者、尤其是政大宗教所精銳盡出，都來觀察紀錄這場世紀醮典。政大的老師向我介紹一位碩士生、也是某地義民廟的總幹事，當他看到醮典圓滿時要燒化的金紙之多，不禁羨慕地說：「好好喔，都能燒這麼多金紙，我們早就封爐了！」聽罷我驚呆，沒想到真讓我遇到傳說中的「封爐」當事人。聊完之後我才了解，義民廟因主祀特性，本就非香火鼎盛、油香充裕的廟宇，常要靠公部門的經費維持運作，因此當主管機關以一紙公文、甚至不需公文，只要明示暗示義民廟須配合環保政策封爐，那麼他們就必須得深明大義自行封爐。這是公部門運作下的案例。但在同年，已禁金紙的台北市某大寺廟，在環保的考量下，自發性的先從七個香爐減至三個，香爐大減後PM2.5卻仍居高不下，兩年後乾脆完全禁止信眾點香了。這個謬誤，之前的章節已經說過了，空氣中（尤其都市裡）的PM2.5會超標，主要係由「交通」與「工業」排放而來，我們在北港露天燃燒廿四小時的金紙堆旁測排放，都只有尖峰時間車潮經過才測得到超標，顯見都會區裡若想要有乾淨空氣，絕非封爐即能有明顯改善。這種看似文明、標榜環保的「示範」，直接的影響只是香火的斷絕。香火既斷，信仰何存呢？

民國一〇五年初，醮後不久，雲林縣政府官網發了個新聞稿，開頭是一張照片，宮廟裡香煙裊裊的香爐上，有一隻手拿了PM2.5偵測器在測數據，測出來的數值「達本縣PM2.5平均值的三倍以上」，顯見宮廟點香是很大的汙染源，應該要減燒。我再定神一看照片，天壽！這分明是武德宮的香爐！大哥！請問你，本縣的PM2.5平均值什麼時候改成燃燒時在排放口正上方三十公分處測試了？約略在同期間，豐泰輪胎廠大火，網路許多人貼出照片，天哪！黑煙蔓延數公里，這樣重大的公安事故，地方政府很快出來喊話，說經過他們在「下風處三、四公里」偵測的結果，並無明顯汙染，請大家放心。在宮廟香爐上方三十公分處測試結果「汙染嚴重」，橡膠製料燒得數里濃煙卻只在三、四公里遠測試出「無顯著汙染」，公部門這樣的雙重標準不僅惡質，而且嚴重誤導視聽。我們隨即也仿造這種烏龍檢測方式，立即拿出偵測器在汽車及大卡車的排氣管後方、在三杯雞的濃煙上方進行偵測，所得到的數值又是寺廟香爐的五到十倍甚至更多，證明日常生活中食衣住行的排放煙量，根本都遠遠大於寺廟點香（即便你挑最香火鼎盛的大廟當對照組），大大打臉縣府。相關結果公布在武德宮數十萬粉絲的粉專上，沒多久縣府便撤文，但雙方也就此有了點芥蒂。那年，還有不少沒有浮上檯面的嚴重情事：台南高雄等數個縣市，公立的靈骨塔、軍人公墓、忠靈祠等，已經全面封爐不准點香燒金了。斷人香火是多大的情事、甚至是天大的恩怨，公部門卻只需一紙公文輕描淡寫「配合環保！」香火這個東西，在公部門舉著環保大旗的鯨吞蠶食之下，有許多地方的確已經絕跡，並且公部門還沒打算停下腳步啊！這讓有識者、每個人都憂心忡忡！

山雨欲來

民國一〇六年，亦即事發當年，多事之秋，環保與信仰的衝突益發白熱化。最後一個擦槍走火，便不小心把遍布全台的千里火種給點燃了。年初，先是農曆正月時武德宮信眾焚燒的金紙量太大，導致武德宮的金爐再度遭人檢舉，環保單位便前來巡行開單；同樣該年，都會區也有多起燒金紙被環保單位取締開罰的新聞，較著名的是一個失明的老婆婆因為燒金紙給土地公，連續被環保單位取締超過二十次並開罰；另一個則是在自家門口燒金紙被環保單位開罰十萬的案例。小時候，家家戶戶每逢初一十五都在門口拜拜燒金紙，那是童年的美好畫面，化完金後，就等著吃上一頓好料了。現在的氛圍則是，若有哪一戶膽敢這麼做，金紙剛落爐點燃，恐怕環保單位跟罰單就已經在旁伺候了。金，這個在信仰裡非常重要的介質，在現代社會裡，雖尚未被滅絕，但絕對已經瀕危！

接著五月份我們又收到縣府公文，要求寺廟管理人前去參加「移風易俗」的環保宣導會議，這種會議一年至少一次，每次都要花上一整天，並且會議的最後，通常都會安排同一家環保廠商來簡報金爐環保設備。過往也曾有廠商直接找到宮裡推介，表示用了他們的設備後，便都能符合標準，在地方上不會再有麻煩，幹部以我們的天庫金爐原先設計就能物理性減碳而婉拒，結果，隔天環保單位便收到檢舉前來開單。

六月初，我們又收到公文，要求寺廟減少鞭炮量，並發了詳細的調查表，需要寺廟申報每年所燃放的鞭炮數量。沒辦法，摸一摸鼻子、填一填後上報。這年，環保署也拍了支影片，內容是財神爺下凡來，才到人間，便被燒金的煙霧燻到睜不開，還被鞭炮炸到臉都黑了，影片最後秀出 slogan：「拜拜若誠心，不用放炮與燒金。」這廣告後來以極高的頻率推播到每個電視台。對於一個只佔整體空汙排放百分之零點三五，並且長期以來都從善如流、幾十年來排放減幅驚人的傳統信仰，用這樣的篇幅、如此的手法來攻擊信仰並帶風向，怎麼看都不符比例原則。在那段期間，幾乎轉到任一台，都能夠在廣告時段看到這支影片，後來側面了解才知道，除了環保署製作並推播這支影片外，也有「不同信仰」的民間企業主出資「贊助」推播，等於是藉環保之名去鬥爭傾軋在社會上普遍沒有話語權與聲量的傳統信仰。

提到鞭炮，我也想講講，想像大甲媽祖遶境進香，信眾敬獻了一場鞭炮，就挑大場的好了，跟你爸那台二行程老機車來比，誰的排放量大？「廢話，當然是炮場，一樣是白煙，炮場的煙這麼大！」「但我問你，一場鞭炮放多久？」「呃，二十秒吧！」「那你爸每天從關渡騎到台北車站要多久？」「半個多小時。」「這樣光你爸一天上下班，有沒有超過十場大甲媽的炮場，一年就是三百六十場！」「……，X！哪有人這樣比的啦！」本來就是這樣，要就來認真精算排放總量！社會上就是如此，講起別人義正詞嚴，說到自己，那可是理所當然。別人的排放，才叫真排放、真正的汙染，真正需要改革、需要移風易俗；自己的排放，則是生活所需，略減都不行，再吵就跟你拚命！

正當大家才覺得這一年公部門動作頻頻、到底有完沒完之際，不知道更大的風暴正要襲來。最後一根……，不，是最後一噸稻草突然砸下來了！六月中下旬，我們收到了一張環保局寄來的公文，說是要調查本宮的「室內空氣品質」，依據本縣該年度的「室內空氣品質改善計畫」辦理。你可能會想，「這有什麼嗎？就給他調查不行嗎？」內行的看門道，有感於公部門連年以環保為名，日益緊縮傳統信仰的生存空間，我們對於環保政策的關注不同於一般大眾。民國一〇五年由環保署舉辦的一場研討會裡，明確提到了環保署管控傳統信仰排放的十年長期目標：第一是「執行廟宇室內外空氣品質標準」，第二則是「全面替代」拜香及金紙、落實不燒作為。金跟香都被「全面替代」了，還有金香嗎？你不會不寒而慄嗎？而「落實不燒作為」的具體作法裡，第三點是「執行封爐」，第四點則是「推動網路祭拜」。所以「全面替代拜香與金紙」（這算不算滅香？）、「封爐」，都不是空穴來風，也根本不是民間團體講的，是環保署背書的十年目標、是環保署長在公開場合公開説過的目標。我們收到公文後，就要「被執行」第一點、要來調查室內空氣品質了，即便重大的汙染源明明都在室外⋯⋯。

一觸即發

一連數月，從宣導、檢測、開罰到調查，被軟土深掘的信仰與環保之間，不僅完全沒有和解跡象，還變本加厲，每個月都有動作、都有事件。收到公文後，市井小民的我排解壓力的方法就是把它轉發到網上，一來是公布自保，二來也是抒發情緒尋求支持。這篇公文貼出後也迅速引起宮廟界、學界乃至一般大眾的支持與義憤。餘慍未消的我隨即又再發了一篇看起來就知道是「森七七」氣話的發文：

短期，覺得該辦一場沒有神轎的廟會，萬人遶境縣府，表達出我們最深沉的不滿、最嚴正的抗議。

不獨有武德宮，不獨有天官武財神，要有各地大廟，要有交陪友宮，要有努力不懈的傳統軒社，最最重要的，是要有各諸天神佛爐下，一直為祂們守護香火的爐下虔信弟子！

這些年來，我們沉默太久，忍讓太多，麻痺太過，以致傳統信仰的香火，在我們這一代凋零到快如風中殘燭。認識武德宮、認識我的人都知道，我不愛出門，不只是出廟門，出家門常也嫌麻煩，但不出門則已，要出門，那就不只是有模有樣了。幹主委這麼久，所作所為，一直以神諭是從，以鸞文為依歸，上面有交辦的事情，就卯足全力拚搏；沒有交代的，隨緣如法，無為不過度積極。但這件事，雖然神明不爭，我們，也不能讓。

就這樣，這幾年的積怨、這幾個月的情緒，讓我衝動的發了這篇義憤文。不料，文發了之後，反應竟如排山倒海一般，迅速激起了早有同感、積怨更久的宮廟團體支持響應，下方開始一面倒的「加一」「支持」「主委，台南XX宮響應」等類似留言瞬間湧入。而開始有宮廟響應之後，看到消息的交陪友宮也開始私下電聯關切這事件的發展，表明若真要上街頭，務必要叫上他們。我沒有預期這篇在有情緒之下的發文，立刻引起這麼多廟宇關注響應，而且定神一看後，發現沒有一間是雲林本地的廟宇，要是帶著全省其他地方的宮廟針對雲林縣政府來表達不滿，似乎不太公平，於是還在情緒裡的我便又悄悄把文從「遶境縣府」改成「遶境博愛特區」了。夭壽！不改還好，原本才十幾家宮廟支持呼應的，一改成要前進總統府了，又迅速湧出了幾十家宮廟響應，而且許多響應的宮廟，也開始認真號召自己的交陪友宮。發文引起這麼大的回應，我頓時氣消了——都驚呆了還哪來的氣？但這時候，反悔也來不及了，刪文更無可能，下方的鼓噪愈烈，甚至還有人出言相激：「主委你不會講一講不去吧？」唉……無可奈何，我只好先聲明，我起個頭，但不要出頭。六月廿五日，就在那篇「森七七」文發表的四天後，幾家宮廟的代表、甚至還有宗教學界的學者，就在我北屯昌平路的公司召開籌備會議了。

這場會議主要討論三件事情：第一是活動的性質與方式，第二是活動的時間，最後則是團體名稱與活動名稱。活動的性質上，大家都有共識，雖然都是基於義憤而上街頭，但宮廟畢竟是各地信仰的中心，有安定人心的力量，因此應該賦予活動正面的訴求，大家無異議通過要以遶境遊行代替抗議，以溫馨的宗教嘉年華喚醒大家對傳統信仰的美好記憶，換取公眾最大的支持。不過聽到大家講「遶境」時我有點遲疑，那不就要出神轎了？在場的廟宇多半表示支持，認為那才是傳統信仰的嘉年華，府城廟宇更表示這樣才有感染力，建議大家回去討論，可以出神轎、出陣頭的盡量出。我嚅囁地表示，武德宮不是主委說了算，我會回去開壇請示主神；接下來是決定活動的時間，這必須視凱道周邊路權含中正紀念堂的場地申請是否取得而定，因此會議當天，我們也有一組志工，由台電的家法兄與武德宮北台的汪會長，前往市府及中正一分局等負責路權的相關單位接洽申請事宜，並在會議時南北連線。要迎熱鬧，不用說，得選週末了，於是便請台北這邊回報給我們近期可以申請路權的週末。當時台北回報了七月有：十六、十七日，廿三、廿四日及三十、三十一日等共六個可申請日期（八月份則全都有）。我看了看那六個日期，突然像是被雷打到，因為我赫然發現，我的生日就在其中！我開始回想此事的發生與演變的速度，內心有個強烈的感覺，並且恍然

大悟，但我不想說出來：「媽的！我看懂了……，最後一定會選上我的生日七月廿三日上凱道。」於是我靜默了，與會的眾人繼續七嘴八舌地討論起來：「十六、十七日太逼了，很多宮廟應該都還來不及開會討論。」永華宮的保哥這麼說；「三十、三十一日已經隔超過一個月，冷掉了，不容易動員。」「那就只剩七月廿三、廿四日那個週末囉！」眾人說著，範圍突然清楚了起來，我的心跳也加快。「這次有不少遠路頭像高雄屏東上來的，回去可能很晚了，週日不建議啦，隔天就要上班！」因此七月廿四也不行了。就這樣，用消去法，他們才討論幾句，答案只剩下一個，Bingo！七月廿三日。你覺得這純粹是巧合吧？看下去！決定日期後，活動名稱與組織名稱也很快定案，分別就是：「眾神上凱道」以及「捍衛信仰守護香火大聯盟」，就這樣，一場以正面訴求為宗旨的溫馨宗教嘉年華拍板定案了，大家便各自回去準備。

那隻控盤的手

六月廿九日、農曆六月初六，這天是黑虎將軍誕辰，我必須在北港祝壽，也因此就擇當天開內壇請示主神如何因應上凱道這事件。開壇前我看了一下資料，發現一個技術問題，頭有點大：活動所能申請到的路權範圍，就是中正念堂四周、愛國西路圓環以及凱道主體，這樣加一加，路程總長頂多三公里。迎過大科的人都知道，各宮陣頭以一陣一陣依序排番，稍具規模的宮廟，頂多三十間的陣仗就超過此長度了，如此一來似乎無法容納太多廟宇參加，於是我當時內心又有一個想法。不過，先請神駕再說；神駕一到，先出了首奇怪的頭籤：

恩主授令手印按
水盤無蕊如無煙
何立隱居欲回天
相願一解三清香
備筆提情求無尊

大意大概就是這位「恩主」遇到「水盤無蕊無香煙」的情事，覺得無容身之處想要回天了，卑微的願望不過就是三炷清香，因此藉筆來此抒發。你，看懂了嗎？

接著進入正題，我都完全沒有提問，只是稟報了一下因為個人擦槍走火的發言，宮廟現在要一起上凱道了，「但大家……建議要出神轎，不知道師尊……」，當我還在呑呑吐吐時，聖駕動筆了：

三川領隊字其形
主軍按排中要點
恩派將護成圍中
千歲踏前聖母圍
家將大爺前鋒霸
五福大任顯神威
一體同進不得分
青火十足不得敗

天啊！我完全看懂，雞皮疙瘩還都起來了，祂不是在回答能不能出神轎，文裡說的已經是隊形、還有隊伍先後順序，連武德宮要出的神駕，全部都在這幾句話裡交代完了！

路線不是太短了嗎？沒關係，我們一次三個正面，是不是就等於把隊伍長度縮減為三分之一了呢？三個正面，隊伍就是一個川字，因此川字就是我們的隊形。主軍武德宮排在正中間，這是要點。接著是隊伍的排序方式，家將跟將爺作為前鋒，接著是王爺、後方是聖母，本宮這次擔當大任的則是「五福」德武財公。這下都明白了，上頭還連你心裡要問的隊形問題都已經讀取完畢一併回答了。從文中也清楚看見，「眾神上凱道」這科是上頭早已知曉有所安排的行動。接著，武財公開出更勁爆的文，大意是說，我的年紀與資歷都太輕，出頭擔此重任容易腹背受敵，可以負責操刀，但須由更資深的宮廟主事掛名領銜，並且在活動當天，我務必不能第一個上台，要由領銜的這個人上去開場。問道是否有適宜的人選時，武財公出了幾句話，祂說：

何氏必成不得敗
護肢不殘應得知
雙管穿心導為正
神威在心念不忘

這個何氏，應該有發生過什麼事，看來是心臟的問題，可能還作了兩支導管，總之冥冥之中有人護祐他、讓他免於殘廢，要我提醒他勿忘神恩，應出來為信仰發聲，不得有誤。我便問武財公，這指的莫非是某某廟的頭人嗎？說「是」。我想了一下，雖然跟何董並無交情，但至少有共同的朋友、也就是當時特助嘉珮的父親可以牽線，我便找來了嘉珮討論，也把文給她看。她看了之後嚇了一跳，因為她知道有此事。這位何氏，之前的確是在爬山（還是運動）途中心臟出了問題，所幸最後有驚無險給救了回來。看到文後，嘉珮便請她父親、嘉義的陳文忠議員安排，我們也在幾天後帶隊過去拜會這位何董。聽完來意，原本熱絡的氣氛頓時冷卻，何董非常謹慎的回應這個請求。他表示，因為他們廟也是隸屬某一個信仰聯誼組織，他認為，最好是問過他們組織的會長較為妥適，而且若能邀到會長他們那間宮廟，事實上對活動的助力更大。因此，何董便迫不及待地當場撥打給會長。正在大陸參加宮廟交流的會長突然接到這燙手山芋，一時也不知道如何反應，加上會長他們宮裡上頭還有一位董事長，而董事長那段時間人在歐洲，會長不好意思地跟我說他在宴會上，他會想辦法連絡他們董事長討論。由於會長當場無法決定，何董便給了個軟釘子，說若會長無法決定，他們是不敢擅自參加的。嗯……，我看，大概就是這樣了，至少我盡人事了。

正面訴求，全台響應

到這個時間點為止，已有許多地方大廟甚至祖廟級的信仰中心響應前來，包括全台開基永華宮、學甲慈濟宮、松柏嶺受天宮、西螺福興宮等等，之後還陸續加入了祀典興濟宮、中營慶福宮、大庄浩天宮、下營北極殿等大廟。這些友宮在地方上多是一場香科的主角、熱鬧陣中押尾番的主帥，你是不是覺得主辦單位要排這些廟宇的番次順序恐怕會很頭大？那你誤會可大了，這些信仰中心為了理念而出來，希望務必成事傳達信仰圈的聲音給執政黨知道，沒有任何一家關心過自己的排番與位置，反而是老大哥或前輩們怕主辦方為難，早早就表態：「安樂，不用管我們該排哪裡哦，問其他家就行，你們好做事就好！」「主委，我們都配合主辦單位哦，麻煩番次不用問我們。」「林主委，我們都沒意見哦，能成功最重要！」於是，就這麼簡單，老大哥們交代幾句，武財公出了幾句詩文，我也真的就清心地丟給同仁們去安排了！

七月四日，大聯盟首次記者會，我們正式對外宣布了「眾神上凱道」的活動，記者會開宗明義就先聲明：這不是抗議，而是一場正面訴求的宗教嘉年華。訴求如下：

一、我們接受，一爐一香為環保盡力，但各宮廟既有香爐是否要再減少，應由各宮廟自決，公部門不再介入。

二、我們要求，公部門不應倡議、勸說、誘導金紙集中焚燒，更不應倡議、勸說、誘導寺廟封爐不燒金紙。

三、我們要求，環保機關不應再違反比例原則，蓄意凸顯對環境影響微乎其微的信仰活動，以環保之名挑起民眾對立。

四、我們相信，民間宗教能自主管理。任何涉及傳統信仰之規範，制訂時應納入民間宗教參與者的充分討論、理解與接受，始得執行。

就這樣，沒了！這幾點，其實就是委婉地讓公部門知道，民間信仰與人為善，早已配合環保一再退讓，只剩最後的立足之地，希望公部門不要再剝奪信仰參與者維持基本虔敬的空間。整個活動，就這四點說明完畢，當中完全沒有提到什麼「滅香」的字眼，更別說散播什麼謠言或挑起對立。但，事件接下來的發展，與期間所受的攻擊抹黑與鋪天蓋地的壓力，真的超乎常人可以想像。

正式宣布之後，社運起家的執政黨也不是省油的燈，檯面下立刻有動作馬上進行滅火。民進黨黨中央派出當時社運部的宋岫書主任與行政院雲嘉南辦公室的許根尉執行長約談我，積極的希望在事前讓我們打消念頭。兩位都是我很尊重的人，我跟兩位的談話其實也都很平和，只是沒有交集。首次會談，宋主任開門見山就問我：「主委，你們會上街頭，就是你們有訴求想要表達嘛，大家剖白講，你們想要怎樣，而我就盡全力來去折衝，如果可以滿足，那你們也不必上街頭了。」「主委啊，我是街頭運動經驗豐富的人，你要知道，群眾帶出去，會發生什麼狀況，你都無法預料，真的失控時，你有辦法處理嗎？」我笑回說：「主任，今天真的不是我林某人一個人要上凱道，是這幾十家宮廟要上凱道，這麼多大廟一起跟大眾做了這麼大的宣示，如果因為被摸摸頭就取消活動，那這些大廟不只毫無誠信，也會變成笑話，我根本無法在這個時候踩剎車，我停，活動也不會終止啊！」我接著說了：「但是主任你根本不用擔心，這次上凱道的，都是正信的宮廟、信仰中心，都是傳統藝陣與神轎，我們不是上去廝殺或抗爭，而是藉由遶境遊行帶出訴求，其實從正面的觀點來看，總統府前何時曾有這麼多護佑台灣的眾神齊聚呢？」即便如此，我還是把相關訴求、把這次上凱道的遠因近因一次說明，主任也承諾說會把意見帶回黨內，看彼此能否取得交集。

而從記者會之後，大聯盟拍了幾支影片，分別由慈眉善目的李霞阿嬤、辛勤耕作的農夫、歸鄉的遊子等主角們柔性訴說信仰是人們心靈的依靠，藉由這些人的生活、這些人的娓娓道來，喚起大家對信仰、對神明、對香火、對慎終追遠等傳統的美好印象，最後一支影片則由一群天真無邪的孩子，邀請大家七月廿三日相揪來凱道「看熱鬧」。此般文宣，對於重口味嗜血的社會來說，雖然清淡如水，但這才是信仰撫慰人心的定位。七月十日，宗教與民俗學界開始串聯為我們發聲，一開始由一百五十位橫跨漢學、史學、文學、宗教、民俗等學界的學者聯署發表聲明，其後又加入了兩百位知名的文化、文史、藝文工作者，接著有更多青年學者與研究者加入聯署，也進一步強化了論述的深度與社會的支持度，畢竟傳統信仰圈沒有話語權已久，且長久被冠以反智、迷信、不文明的形象，近代更被刻意與不環保等意象作不當連結，一直是啞巴吃黃連、有苦難言的狀態，萬分感謝學界的仗義直言，給我們打了一劑強心針。

主任第二次來勸退我時，由本宮蘇顧問作陪，我除了再次重申廟宇出神轎真的不能出爾反爾開玩笑，並說：「其實這是一個讓民間積壓已久的民意一次抒發的好機會，我覺得有個很好的方式可以兩全其美，民間遇到神明聖駕行經自家門口時，虔誠的信眾們會設香案迎接聖駕，如今台灣這麼多大廟眾神齊聚總統府迎一科宗教嘉年華，是百年難得的盛會，如果總統也以地主的身分設一個案桌歡迎廟宇神駕前來為台灣賜福，也當場收下宮廟的陳情、承諾會協助調解，巧妙化解不滿並把這個陣仗轉化為政府的場面，不是皆大歡喜嗎？」這個要求好像頗讓主任為難，大家也再次沒有交集而散去。

七月十九日，活動正式發布的半個月後，我們公布了首波參加的宮廟名單與排番。當時報名的宮廟約已有八十來家。在這半個月當中，綠營各縣市首長紛紛固樁，親自電詢或拜會轄下各大廟宇，像嘉義城隍廟原本董事長還親臨活動記者會贊聲，在公部門施壓下也對外宣布不參加（事後才發現，是不以宮廟名義改以董監事個人參加）。名單一公布，原先只是觀望而沒有預期會成事的廟宇開始沸騰響應，隔天，又有兩家祖廟級的指標大廟加入，分別是雲林四湖參天宮以及下營北極殿，到實際活動當天，總計參加的團體已經超過一百二十家。

謠言瘋傳，攻擊四起

公布名單之後，執政黨發現事件規模已經遠超出原先預期，便自七月十九日開始，由黨中央、府、院、地方政府以及媒體，五方並進，開始有較猛烈的攻擊砲火了。首先，民進黨中央在七月十九日對各媒體表示，近期在網路上謠傳蔡政府要「滅香」「修宗教團體法」，引發宮廟發動「眾神上凱道」活動，強調都是謠傳、都不是事實，外界切勿以訛傳訛。這……，我們什麼時候提過滅香、提過宗教團體法了？整個活動就一場記者會、四個訴求，沒有人理會，卻一直在提根本不知道哪裡冒出的假議題。七月二十日媒體也紛紛報導，總統對於「滅香謠言瘋傳」非常不高興，並修理內政部長為何不適時「澄清謠言」，內政部便也開始消毒闢「謠」，地方政府更是針對轄下有報名的宮廟，開始從分局、派出所、調查站前往關切做起，甚至是首長親自勸說，務必攔阻自己轄內的寺廟上凱道。一些鄉下友宮，主事或管委會都是有年紀的長輩了，其實有不少受不了這種壓力與驚嚇，便退下陣來。但是各位，一路看下來，我們從活動開始籌備的第一天起，就非常注意細節，從來不敢用稍微不客氣的字眼來表述，聲明只有一篇、記者會只有一次，裡頭根本找不到任何「滅香」的字眼，我們也沒有另外的文宣中心；反倒是執政黨從中央到地方拚命宣傳「滅香是謠言」，給人一種參與「眾神上凱道」的人們，只是在網路上以製造滅香謠言來行政治目的，並且因此，我們這些參與的廟宇，便無端受到綠營支持者相當激烈的攻擊與辱罵。

七月二十一日，攻擊轉趨激烈與黑暗。非常的巧，許多媒體在那天紛紛同時掌握了完全不知道從哪來的消息來源，直指「滅香」的謠言，其實來自中共的網軍。三立的標題是：「統戰？滅香謠言到處傳，遭爆源頭來自中國大陸！」大紀元的標題是：「又是中共網軍假新聞！滅香爭議以假亂真，中共滲透越演越烈！」（是不是有人該去就醫？）台南某立委更在當晚的談話節目大言不慚的講出，「根據『可靠情資』，滅香的謠言，背後就是中共的第五縱隊！」發起活動的武德宮瞬間被抬出來鞭屍。還有高雄立委在談話節目提到，「武德宮作醮燒掉這麼多金紙，據了解都是大陸金，而且現在因為不滿限於環保要少燒金，寺廟經濟來源受影響，所以要上街頭抗議。」認識我的人，知道我這個人就是個死樣子，不愛交際，也常大門不出，台灣人我都沒空交陪了，我還交陪到大陸人？打死他們也不信；而武德宮最為人稱道的，就是堅持使用竹製的台灣金。高雄立委荒腔走板的胡亂鬼扯我都還沒申辯，信徒們對於委員顛倒是非、只為抹黑的行為早已火冒三丈，紛紛灌爆他的臉書，不到一天他便公開道歉了。道歉也沒用，人早被亂拳打死了。算了，出來扛公眾事，你就是得摸摸鼻……血，認了。無獨有偶的，那陣子正好我的好友、拉菲爾珠寶的黃建立黃董，到雲林參加一場公祭，身旁坐了一位綠營的國策顧問，黃董調皮故意問對方說：「你們雲林最近很紅的林安樂，你認識嗎？」對方沒好氣地用台語回他說：「知啊！那個就共產黨的啊！」大哥，我跟您素不相識，你怎麼知道我是共產黨？連我媽都不知道啊！就這樣，我們又從造謠鬧事，變成了共產黨，連單位都很清楚，是第五縱隊……。這也招致了不知多少不分青紅皂白就歇斯底里攻擊辱罵我們的激進分子，只是因為我臉書不高興發了一篇文，我就死無葬身之地了？這世道都沒是非了嗎？

接著，一堆名嘴、一堆你沒聽過的媒體（其實就是內容農場），針對攻擊武德宮、攻擊此活動的新聞，排列組合再新創，網路上便突然爆發出一堆真正的假新聞在直指「滅香」是假新聞，某段大立委也發表高見，說我們反的不是滅香，反的其實是財務透明（WTF）？那時，我真的沒有力氣跟這個瘋狂的世界爭辯了，反正，我就是把這個單純的活動給辦成——至少讓你看到那天有多少人為了金香議題願意站出來表態，就這樣就好。

七月二十一日，行前兩天，又開了一壇。其實內容蠻長的，不過大概就是行前慰勉並交代細節，其中有些事涉敏感，本書設定為「輔導級」，等有機會出更勁爆的見聞層級時再來報告吧。武財公接著提到兩個重點，一是「為主必歉」，就是當家做主的一定要為信仰陷入當前處境感到抱歉並修正，其實講的就是針對大聯盟的信仰訴求部分。接著又說「迎禮不可免」，也就是呼應我之前跟宋主任說的，府方應該要出來相迎。其實能夠化解歧異、團結各方的當家者，對眾神行列、對宮廟隊伍展現地主熱忱，不但不會貶抑自己，反而顯現格局。我這為人子弟的，能做的也只是轉達此兩點神諭。關於活動訴求，説實在我也沒半點把握，但是「迎禮」不過是擺個案桌這點小事，執政黨不至於沒有度量接受吧？於是針對這點，我在行前一天又致電行政院許執行長，希望有個明確答案，我説準備案桌其實很容易，地主應該要藉此表達善意。執行長回頭聯繫後跟我説沒問題，只是他們臨時根本也不知道要去哪弄個案桌，就授權我幫忙處理。當時我也怕出問題，小心再確認：「我們幫忙準備案桌的話，高層知道嗎？要署名誰？」執行長説高層知道，原本要我署名當時立法院長蘇嘉全先生，因為原先是蘇院長打算要出來接見我們。不過當晚最後臨時通知我改由淡出已久的卓榮泰先生代表小英總統接見宮廟，我還再明確地問説，「所以案桌上的『恭迎聖駕』，到底要署名誰？」執行長肯定地説：「你就寫小英總統，卓先生之後將有重用，他代表小英總統，他來接駕不會失你們禮的。」聽罷，我才放心地請同事幫府方準備「恭迎聖駕」案桌。不過可能執行長的訊息，最終並未獲得最高層背書，活動隔天，府方便立即澄清「恭迎聖駕」案桌與府方無關，狂打我們臉，我又被亂拳打到奄奄一息，但那是後話了。

好了，終於要講到活動當天了。

眾神上凱道

上午十點多，許多團體陸續在中正紀念堂各入口處集結。當天，天氣大好，萬里無雲，真的，從中正紀念堂往各個方向看過去，都無半點雲彩，烈日當空。活動在午飯後才要進行，放完便當吃了飯，一點整，隊伍便開始整隊，準備繞行中正紀念堂一週後進入凱道，接著會依各宮的帳篷位置入棚安座神轎。午後開始起行時，氣溫更高，三十八度。我太太來會場才二十分鐘，就有點中暑的感覺，速速離開了。我記得所有隊伍之前，是由大溪廣澤宮的銘偉率領家將在前面開路，也就是鸞文所說的「家將大爺前鋒霸」，接著就是由一王二帝：學甲慈濟宮居中、松柏嶺受天宮居左、全台開基永華宮在右，帶領三個正面的宮廟隊伍進場，當此長龍整個拉開時，中正紀念堂四面四條路的三個線道以及整個凱道都是滿滿的宮廟陣仗。如此陣容，要是在選舉造勢場合，台上早就喊出有四、五十萬群眾了。事實上，當天光是報名並且有報到領便當的團體，也就是光算在遊行陣頭當中的，就超過一萬兩千人了。但活動除了遊行的人，更多的是信眾，因為我們為了號召傳統信仰的信眾前來，光大聯盟就設計了非常多的信仰伴手禮與紀念品要供信眾索取，各宮廟亦然。最重要的，我們還為這次活動設計了一本「信仰護照」供信眾免費索取，事前並請友宮當天務必攜帶宮印前來；信眾來到會場，除了可以一次參拜到全省各地大廟主神，還能一次蓋到這些廟宇的宮印，吸引了非常多的信眾扶老攜幼前來。當然，也有不少純粹來給我們加油打氣、表達支持的朋友。總之，統計下來，活動尖峰時段有約十萬群眾，而平均下來也都有五萬多人。

集結在自由廣場前的宮廟隊伍

在前段的宮廟依序進入凱道後，下午四點左右，位於中段、這科的主家，也就是活動的主辦方、武德宮主神的神轎已經走過圓環，要進入凱道會場了。這時執政黨的代表卓榮泰先生、余政憲先生，也在眾人簇擁下準備出來接神駕。前面提到，當天的天氣萬里無雲，但，神奇的事來了，主神轎才進到凱道，天空就開始烏雲密布。武財公神駕入座龍邊第一頂帳篷時，素未謀面的卓先生便上前給了我一個大大的擁抱，還來不及反應，已經十幾支鏡頭與攝影機對準我們。執政黨

武德宮主神神轎進入凱道會場

代表上完香後，由於我記得武財公交代我不要第一個上台，我便要求活動主持人先邀請卓先生上台，代表地主對今天前來的宮廟致意。卓先生一上台，我便注意到台前有幾位朋友比較激動，一直對著他吶喊、叫他下台，有些還有備而來，帶著旗幟標語。卓先生沉穩淡定的把話講完，接著換民進黨宗教委員會余召集人上台，台下也是鼓譟一番、噓聲不斷，最後，總算輪到我了。其實，到那一刻，雖然台下黑壓壓的有好幾萬人，我的心情卻相當平靜輕鬆，早在上午十點我看到這些陣仗時，我就鬆了一口氣了。我根本忘了我後來到底講了什麼，其實，也已經不重要了；重要的其實是，當天我們帶了多少人來凱道。不過，對於活動主持人先邀請卓先生上台講話，我不知道為什麼會引起一堆人暴怒並歇斯底里的辱罵、自相踐踏，好像我們讓地主表態是什麼喪權辱國的事，甚至這樣就是被摸頭、是執政黨走狗等等。在社會上處理事情，能不能處理得動、人家要不要理你，看的其實是你的實力與聲量，你今天實力不夠，如同狗吠火車根本無人理會。因此「眾神上凱道」的人數，基本上就決定了公部門日後對信仰議題的重視程度。過去半個月裡，如果宮廟被反動員成功，上凱道的人數寥寥無幾，公部門會就此肆無忌憚繼續放膽去做，已經被深掘的軟土，就會繼續被掘到刨光為止。反之，若「眾神上凱道」陣容龐大、來勢洶洶，你實力夠了，還需要像個小嘍囉在那

裡大呼小叫、狐假虎威嗎？尤其是根本沒出到力還一直在網路上叫囂辱罵我們被摸頭的，你哪來的臉？為什麼不讓自己先裝個腦子？

其實上凱道前後的差異，我們總幹事的感受最深。過往，第一線收到類似的公文，要開罰、要調查、要移風易俗的，都是先丟到總幹事那兒。眾神上凱道後，不只我們，尤其是府城的友宮們，真的，感受超級明顯——瑣碎又惱人的公文，頓時消失了，好清爽！但，這只是停止進一步的箝制與壓迫，過去一、二十年間，信仰已被大幅壓縮的空間要如何調解、未來在訂定新的監理信仰的措施準繩在哪？特別是像集中焚燒這種牽涉信仰尊嚴的情事，最後到底能否轉圜？這些在凱道結束後，仍都尚待解決。

活動進行到這兒，幾個關鍵人物離開舞台後，大聯盟的幾位代表也開始進入總統府遞交正式的聲明與陳情。府方也派出一位科長行禮如儀的完成此部份。我還是一樣的態度，當天重要的是動員的能量，而陳情與座談，都是形式罷了。接下來最重要的，就是讓活動圓滿落幕，人員平安回家就好。同時間，舞台上的致詞告一段落後，台下的群眾鼓譟卻越激烈，有些是長久的怨氣覺得根本沒有發洩夠，有些是覺得主辦方沒有嘶吼怒罵或做激進一點的抗爭，根本不算上街頭，但這些原本就不是我們想做的事情。這些周邊自行前來的激烈小牙籤們，一來就一副不肯善罷甘休的樣子，偏偏隊伍中也有一些來路不明的朋友，趁亂鼓譟串聯。網路上的直播，也有起碼十來個帳號，瘋狂的洗版咒罵、從頭辱罵到尾，「盡忠職守」直到最後。就在現場留守的工作人員覺得場面好像快要失控時，天象又有明顯的變化了：尾番的神轎才要進場，天空瞬間下起了驟雨，突如其來，又急又大。原本還在鼓譟的群眾突然一哄而散，本以為要發生狀況了，就這樣瞬間化解。最後一頂神轎安座畢，大雨依然滂沱，五點過後雨勢才趨緩，這時各宮也準備要整隊回駕了。

凱道當天，所有新聞就像被屏蔽一樣，幾乎沒有露出。但凱道隔天，各大報則一如之前，整場活動的重點全無提及，全都聚焦在被總統府極力撇清的「案桌」上。其實不管是不是有心設局，我都在眾目睽睽下掉入坑了。府方事後這個逮到機會用力打臉的作為，可能自認是犀利的一擊，卻給人一種「不想解決問題、只想解決提出問題的人」的觀感，反而讓傳統信仰圈益加厭惡，與政府越走越遠。我不是大面神的人，但我認為，隔年二〇一八年的選舉執政黨後來失利，傳統信仰裡這些草根參與者的鐵票因失望而流失，肯定是一個重大因素。隔年年初，民進黨宗教委員會余政憲總召在行政院許執行長的陪同下前來本宮拜會，余總召集人開門見山的表示，去年在總統府前的那場宗教嘉年華，盛況空前、非常熱鬧，如果可以的話，問我是否有考慮每年來

總統府前舉辦？聽完，所有人都愣在當場，只有我笑而不答。其實，在武德宮，最後的答案都會是：「我們會再請示武財公。」

◈ ◈ ◈

在這本滿滿記錄內壇神蹟的見聞裡，我選擇「眾神上凱道」做為最後一個見聞，除了因為它比較敏感外，也是因為，這科之所以產生，我深信背後有一隻看不見的手在安排，過程中也都有明顯的示現在裡頭。故事的最後，因為神諭，我還是帶著群眾上了凱道，也因為神諭，我才需要承擔這些責任、承受這些抹黑、負擔這些成本。在當時，我如果不是選擇關機斷訊而是認真接受那撲天蓋地的各方媒體約訪、對著鏡頭講出武德宮是因為服膺扶鸞、聽從神明指示才上凱道的，那麼我想，當時跟我一起被亂拳打死的，還會多一個無辜的信仰以及我崇敬的主神吧！但是，如果將之放在本書的最終章，在你從頭到尾看完了這些年來我所經歷的神蹟與示現、在你能夠理解與敬畏這些所謂超自然的力量、在你相信表象世界還有一個實相之後，我才能真正跟你分享、你也才能真正理解與接受，為什麼會有這科「眾神上凱道」了。

貳伍

內壇的趣聞軼事

跟從內壇至今，轉眼滿六年。這六年間，已經開了數不清的內壇——見識過驚心動魄、體驗過神威顯赫、感受過慈悲濟世，有輕鬆風趣的時刻，也有潸然淚下的情節。這些，或喜或悲，或驚懼或讚歎，都是人生裡、道業上，珍貴的回憶與充足的養分，以下就是我印象中內壇裡的一些趣聞軼事，不足以成章節，但不分享也可惜，整理於下。

內壇裡的古字、難字、別字

內壇從甲午年（民國一〇三年）成訓之後開始濟世，萬事起頭難，早期我在案桌旁的經驗只能說是「Alexander」——壓力山大。因為自己是個菜鳥三才生，辨識率不高、反應也不夠快，造成常常跟不上神駕出筆的速度，一個字都要武財公寫非常多

遍之外，另一個可怕的點是，武財公初期常常出許多古體字或罕見字，很多字寫了老半天，還是認不出來，等到神駕速度放慢、一個字反覆寫過幾遍，明明每個部首、每個筆劃都看清了、確定了，最後才發現，其實根本也不認識這個字，像是以「丛」代「從」、以「足履」代「履」等等。這些字多半是古體字，有些可以用輸入法輸入，有些則無法；有一些字則是我們教育程度太差當場完全念不出來，例如：「彣」芬芳、迎「褍」，以及向來以「濊」代「穢」等。因為如此，所以早期的內壇筆記與電子檔裡，很多句子都有一堆圈圈或空白。也許是發現寫這些難字時，三才生都頻頻卡關、影響濟世速度，神駕在甲午年後就大幅降低古體難字的使用頻率，再往後，古體字在鸞文裡也就越來越罕見，顯見武財公的內壇是以人為本，濟世才是目的，文詞與用字並非重點。

另一個比較有趣的是「別字」，不是武財公真的寫錯字，而是祂「更換」了字，一語雙關，表達更深的意思。內壇最常用的「別字」、每一壇都會用到的，就是指示的「示」字，此為是非題的肯定詞，武財公用來代替是否的「是」。為什麼？中國字很奧妙，一個簡單的字，用出來的時候常常就表達了語氣、身分尊卑關係。回答「是」，通常是下對上、頂多身分對等者之間問答的肯定，有恭敬、唯諾的意味，「是！」加了個驚嘆號是不是就更恭敬了些？加到三個驚嘆號，那已經是敬畏、是唯唯諾諾了！因此，至高無上的大神針對你的問題疑惑回答你，又怎麼能用對上或對等的「是」呢？用的自然要是「指示」的「示」，祂的回答，就是真理，你得到回答亦即得到了指示。

再來舉一個，丁酉年（民國一〇六年）六月十八日，內壇開到一半，有進香團要入廟進殿，按例我們會稟報武財公先暫停一下，讓進香團的神尊請進來後再繼續。當天該團進殿，卻沒有請神尊，都是令旗，旗子之後又來了一個供盤，上面放著一隻破扇子。扇子一經過，神駕突然出了：

天濟巔公敬一酒
官府撫順廣澤迎
武顯香貢賓如歸
財串東瀛備而擴
神壽再添徒一生
待凡池歲納入門

看此宮壇，應該是所謂「師父掛」的廟宇，主神為濟公禪師，但可能尚未雕金身，只奉蒲扇。不過，為什麼片頭一開始就出了錯字，寫成了濟「巔」呢？很明顯的，客神自己謙稱濟癲，主人家卻不願以這種有貶抑意味的稱謂來稱呼客人，便將癲字改為巔峰的巔，稱祂「濟巔公」。一個同音、字形又相類的字，立刻從貶抑變成了敬稱，這，豈不神？況且，鸞生從頭到尾閉眼，在完全不知道周遭情形下，蒲扇一過立刻揮文，醒來還高興地分享，剛剛有個濟公師父跟她打招呼呢！

「請」

老武財公非常有個性，但也重禮，對於我們這種微不足道的凡人亦然。早年神人還不相習，聖駕一到、出完頭籤，停筆了，我們便會焦急地上前要報告當天該請示的事務，但常常換來一個「待」字：先等等，老闆還在處理事情。也許是一回宮時、左右神聖正上前彙報事項，也許是巡靈將相正在簡報該日案前眾生所稟之事，總之，老闆還在忙。忙完，寫了個「請」字，你才能開口，這是禮貌。不過問事當中，有時也會遇到「請」。當問事問到一半，遇到神明客氣的跟你說「請」字，別高興得太早，有點尷尬的是，這個「請」字，不是寫給你看、而是給一旁的筆生看，也就是……，要我們把人請走……，下一位！會出現這種「請」字，通常就是：問錯問題。一場濟世壇裡，有時候幾個重大急難者的家屬在旁排隊等候，前一個把急事問完後，常常可能覺得好不容易見到開基正主，機不可失，當場就要請示起金錢、財富或事業等相關情事，有些還不是求正財，直接兩手一攤告訴武財公他真的狀況不好，沒有個偏財或天上掉下來的橫財，解決不了他的問題之類的。面對此類未曾種有毫髮善根、未曾來敬奉過一花一果，初來乍到就大嘴開開想索討的——「請」，下一位！

多行不義救不救？救！

內壇遇到最尷尬的情形，就是當事人身染重病，家屬焦急哀戚前來求神，而神明卻當場先痛斥當事人一頓、要他認罪懺悔，才願意再繼續處理下去。不過說是最尷尬的情境，我們卻常常遇到，畢竟好人壞人、從小善小惡到大善大惡者，都會歷經生老病死，都有可能遇到人力無法解決的困境。到了神前，一生善惡功果一清二楚，像是面照妖鏡，善人不僅所願易達，還會被神聖褒揚獎勵；為惡者到案前，就是被當頭棒喝、罵得狗血淋頭，而我們夾在中間的筆生、唱生，也會尷尬地想遁地落跑。隨便舉個例子：庚子年（民國一〇九年）閏四月十九日，一位信女來問病苦（父親肺腺癌好幾期了），她才走到案前，武財公已經出了：「自身非淨門風敗」話說得很重，說她父親是個行為不檢點、敗壞門風的人。唉，又來了……，算了，我們都習慣了，還是硬著頭皮跟家屬說明，家屬不語，沒有反駁，沒有意見。不過，神明開罵，都會留後路、開後門。問到有無機會可補救？武財公便出：「師尊一言助痊癒，唯心悔盡懺典換。」意即，聽武財公一言來補救換回健康，只有一心懺悔，透過懺悔與持誦經典來彌補換回健康。常常天大的事也是這麼交代：你只管懺悔，其他就交給神。那到底要怎麼懺悔？來宮裡嗎？要做什麼儀式？本書寫到此，相信大家都知道武財公的答案是什麼。「罪從心起將心懺」，到神前發心深深懺悔，滔滔罪孽常被寬諒，若已無法前來，即便只是起心動念，神明也能察。武財公的法門，說來簡單，但若無真心實意，做起來，也是困難重重、事倍功半！

衫整再駕

蔡師姐當初被「抓」來訓鸞時，等於是一張白紙，不知道誰會來降，不知道相關規矩禮數，偏偏老武財公是威嚴的武將，又重禮教，因此早期磨合時，師姐常被教訓得苦不堪言，而她最常被武財公修理斥責的，就是服裝衣著。師姐過往都愛穿洋裝搭配細跟高跟鞋，就連訓鸞或開壇時也常如此，在老武財公降鸞幾次後，便在鸞示時叫我們提醒鸞生「女鸞男將相」，雖然是女鸞生，但多半是男性神聖前來降鸞，著裙裝並不適切。告知師姐後，她才較為收斂，遇到濟世辦事時，多半會記得帶著一條牛仔褲前來換上後才請聖駕來降。但甲午年九月十七日在北港的內壇，當天是為了一位資深門徒的重病而開，彼時因為還未對外透露老武財公已經復鸞，因此特地約在保生堂開壇以減少曝光。師姐大意著洋裝前來，還大刺刺地坐下去便要開壇，坐了許久，桃筆都無動靜，我們也只好在尷尬中繼續等待。好不容易請到神駕到來，一來便怒氣沖沖，出了：「衫整再駕」意思是服裝整齊了再請我落駕，便擲筆而去。轉醒後鸞生還渾然未覺，經我提醒才自覺失當，換上褲裝後才順利開完這壇。

內壇「常備良藥」

內壇處理重大病苦不是只有寫寫幾句詩文便罷，還是有需要「無形的神秘力量」的時刻——更正，是常常需要。本書一路看下來，相信讀者都能從篇章裡看出蛛絲馬跡。內壇裡透過有形的「物」來輔助無形的神力者，我都開玩笑說是內壇的常備良藥。還記得「一水、二砂、三符」嗎？內壇裡用到最多的，第一就是淨水，也就是武財公座前敬茶。急症重症慢性症，很多都是獲賜淨水後，回去先讓患者或服或擦拭。但不管是福德用盡的病苦或是業果招來的病苦（亦即純病苦之外），若有其他無形因素干擾時，就會用上硃砂跟符，這在前面的故事裡都有出現過了。除了本書所提的例子，類似的案例還很多，但比較特別的，硃砂與符還處理過兩例發展「相當遲緩」的小朋友，處理前後差別真的非常明顯，我相信也完全改變了孩子原本會頗不順遂的人生。

「一水、二砂、三符」之外，我還想說說「四筆、五燈、六鹽米」。筆是什麼？就是武財公的桃筆。許多惡性腫瘤患者親臨內壇，機緣若到，武財公會願意出手為患者化去相當的病業，當祂叫你「執」時，就是叫你握筆，祂要為你灌靈注氣。早期女鸞根基不穩，當惡性腫瘤末期的患者握完桃筆再放開時，鸞體可能是受不了大量快速的毒與病業轉移到自身，會有明顯的不適與狂嘔，幾秒後才有法恢復正常並再繼續出筆。這些生理變化與轉移，在旁的人都能清楚觀測察覺，進而體悟因果本末。而「五燈」是什麼？白玉佛前續命燈。許多重症病患，其實都在病房裡命懸一線，哪有辦法前來？自然更無福氣親炙聖駕的降臨與親受「四筆」，此時神駕常會指派鸞生攜符令與硃砂到醫院現場處理。由於鸞生前去醫院還須與家屬相約並配合病房開放時間，有時無法迅速前去處理；在這之前，神駕通常會命宮眾速備一對燈燭，外以紅紙書病患姓名生辰供於玉佛前，藉佛力同濟，為病患爭取時間。寫本書的庚子年此時，我們才在兩個月前為我好友黃董的姪子（重大車禍昏迷不醒，連父親都因不忍愛子折磨要放棄治療了），靠著此一、二、三、五常備良藥，幸得佛力救度，硬是把這孩子從鬼門關前拉回來了，萬幸！

內壇談脈輪

脈輪這東西，我本來也都一直以異樣的眼光看待。會講脈輪的人，我以前也會報以尷尬而不失禮的微笑，更不用說講什麼水晶有什麼樣能量的業者，看到、聽到時，我往往嗤之以鼻。直到我長期跟內壇才猛然發現，武財公也曾數度提過脈輪。一次一個信徒來問事，武財公突然提示他心臟已有問題，血管狀況不好有心肌梗塞的風險，除了叫他要去檢測，還提示他：「綠寶除濊」「置中輪」，叫他去買綠色寶石或水晶佩掛於中輪（胸前）。我先用異樣的眼光看了看神駕後，退駕趕快問Google大神，真的也提到綠色寶石是對應「心輪」，對於心、肺等部位有療癒的能量，這……！還有還有，武財公在指導達哥靜坐以及讓他了解自己的學習進度時，也常提到頂輪、海底輪等字眼，引導他調氣調靈，自此之後，我對脈輪一說，便不太敢再輕蔑。

老武財公談修行

老武財公剛復鑾的時候，是我問題最多的時候。廟裡常常遇到一種人，寄生於信仰、故弄玄虛，看到懵懂徬徨的人覺得有機可乘，上前如果不是危言聳聽地說你卡了什麼東西，就是玄之又玄的叫你一定要修啊！年輕時超喜歡應對這種人，因為常常都是些飯桶渣滓，對於到底要修什麼，根本講不出個所以然，講的也常是些沒有邏輯、狗屁不通的東西。不過，等到自己上了年歲，好了，也開始會迷惘，也很想知道修行是什麼、到底要怎麼修。我曾經去上了個要交好多錢、花上好幾天，在那裡抱來抱去、你愛我我愛你的成長課程，課裡設計了超級多Slogan，讓你乍聽很中招，事後一樣空虛、一無所獲、毫無成長！它說，「修行是什麼呢？就是修正你的行為啊，朋友！」哇嗚！但我到底聽了什麼……。於是，我問了：「師尊，常聽到人家說要修要修，修行到底要修什麼？」對於我們，武財公只說了兩個字：降欲。就這樣，天啊！聽到的時候我好像被雷打到了！大道至簡，就兩個字！就這麼簡單，秒懂，超有道理！而且一個「降欲」一語雙關，降字做「降低」的「降」或「降伏」的「降」，不僅都有道理，而且還有次第。你想佛教徒裡，出家僧眾跟在家居士最大差別在哪？受戒，差在戒律啊！許多戒律還不都是為了幫助你斷絕欲望嗎？當肉體凡胎的你，欲望都慢慢降低收斂、到最後一心不亂一念不起，你不就降伏了它嗎？此時你還能說自己沒有修嗎？武財公接著說：「靈身清，三界尊。」若你能降伏你的欲望，你的靈體會非常清明，三界都會尊崇，連好處都告訴你了。總之，關於修行，這是我第一次聽到合理、具體且又接地氣的闡述。「此日月輪。可令墮落。妙高山王。可使傾動。諸佛所言。無有異也。」

如是我聞，這是我跟隨內壇幾年，親眼所見，親筆所寫。《藥師經》裡說：「人

身難得；於三寶中，信敬尊重，亦難可得；得聞世尊藥師琉璃光如來名號，復難於是。」人身、信敬三寶、聞藥師佛名號等三個難得，你在讀完本書之後，是否一樣也既得人身、信敬正法、且又聽聞武財公神恩這三個難得了呢？若真能助大家得此三難得，這些公餘挑燈夜戰的日子，也就值得了！

謹以此書，與廣大讀者，廣結善緣！

時畫棟雕樑呈瑞氣
神合祀更威靈五路財源歸掌握別忠奸

駕移風易俗化冥頑萬派朝宗祈福祿一爐香火總心馨和雨露筆港作龍頭

香金紙部

眾生系列 JP0176

內壇見聞

天官武財神扶鸞濟世實錄

作　　者／林安樂
責任編輯／游璧如
業　　務／顏宏紋

總 編 輯／張嘉芳
出　　版／橡樹林文化
城邦文化事業股份有限公司
104 台北市民生東路二段 141 號 5 樓
電話：(02)2500-7696　傳真：(02)2500-1951
發　　行／英屬蓋曼群島商家庭傳媒股份有限公司城邦分公司
104 台北市中山區民生東路二段 141 號 2 樓
客服服務專線：(02)25007718；25001991
24 小時傳真專線：(02)25001990；25001991
服務時間：週一至週五上午 09:30 ～ 12:00；下午 13:30 ～ 17:00
劃撥帳號：19863813　戶名：書虫股份有限公司
讀者服務信箱：service@readingclub.com.tw
香港發行所／城邦（香港）出版集團有限公司
香港灣仔駱克道 193 號東超商業中心 1 樓
電話：(852)25086231 傳真：(852)25789337
Email: hkcite@biznetvigator.com
馬新發行所／城邦（馬新）出版集團【Cité (M) Sdn.Bhd. (458372 U)】
41, Jalan Radin Anum, Bandar Baru Sri Petaling,
57000 Kuala Lumpur, Malaysia.
電話：(603) 90578822　傳真：(603) 90576622
Email：cite@cite.com.my

封面設計／買樂文創有限公司
內頁設計／兩棵酸梅
印　　刷／中原造像股份有限公司
初版一刷／2021 年 1 月
I S B N ／978-986-99011-9-2
定　　價／400 元

國家圖書館出版品預行編目 (CIP) 資料

內壇見聞：天官武財神扶鸞濟世實錄／林安樂著．-- 初版．-- 臺北市：橡樹林文化，城邦文化事業股份有限公司出版：英屬蓋曼群島商家庭傳媒股份有限公司城邦分公司發行，2021.01
面；　公分．--（眾生；JP0176）
ISBN 978-986-99011-9-2（平裝）
1. 扶乩　　2. 民間信仰

296.2　　109017935

104 台北市中山區民生東路二段 141 號 5 樓

城邦文化事業股份有限公司

橡樹林出版事業部　收

請沿虛線剪下對折裝訂寄回，謝謝！

|橡|樹|林|

內壇見聞——天官武財神扶鸞濟世實錄

書號：JP0176

橡樹林文化

讀者回函卡

感謝您對橡樹林出版社之支持，請將您的建議提供給我們參考與改進；請別忘了給我們一些鼓勵，我們會更加努力，出版好書與您結緣。

姓名：＿＿＿＿＿＿＿＿ □女 □男 生日：西元＿＿＿＿＿年

Email：＿＿＿＿＿＿＿＿＿＿＿＿＿＿＿＿

●您從何處知道此書？

□書店 □書訊 □書評 □報紙 □廣播 □網路 □廣告 DM □親友介紹

□橡樹林電子報 □其他＿＿＿＿＿＿

●您以何種方式購買本書？

□誠品書店 □誠品網路書店 □金石堂書店 □金石堂網路書店

□博客來網路書店 □其他＿＿＿＿＿＿

●您希望我們未來出版哪一種主題的書？（可複選）

□佛法生活應用 □教理 □實修法門介紹 □大師開示 □大師傳紀

□佛教圖解百科 □其他＿＿＿＿＿＿

●您對本書的建議：

＿＿＿＿＿＿＿＿＿＿＿＿＿＿＿＿＿＿＿＿

＿＿＿＿＿＿＿＿＿＿＿＿＿＿＿＿＿＿＿＿

＿＿＿＿＿＿＿＿＿＿＿＿＿＿＿＿＿＿＿＿

＿＿＿＿＿＿＿＿＿＿＿＿＿＿＿＿＿＿＿＿

＿＿＿＿＿＿＿＿＿＿＿＿＿＿＿＿＿＿＿＿

我已經完全瞭解左述內容，並同意本人資料依上述範圍內使用。

＿＿＿＿＿＿＿＿＿＿＿＿（簽名）

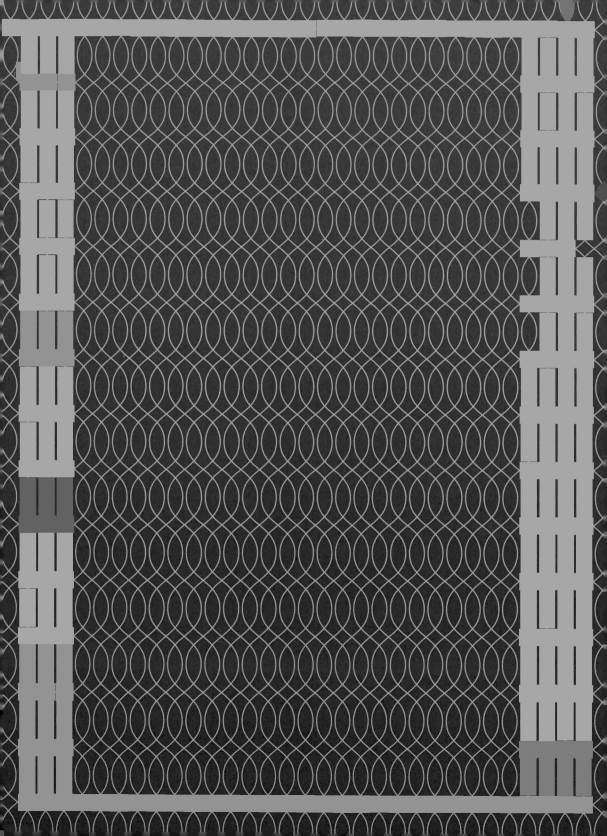